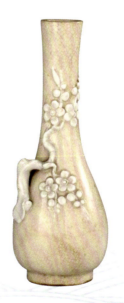

海上瓷路

粤港澳文物大展

浙江省博物馆　编

文物出版社

海上瓷路

海上丝绸之路系列特展之三

Maritime Porcelain Road

粤港澳文物大展

总 策 划　陈　浩
内容审定　雍泰岳
形式审定　雍泰岳
内容设计　黄　静　吴昌稳　李颖庄　郑培凯　范梦园
形式设计　曾　莹　周鸿远
器物图片　区智荣　何道兴　何元成

主办单位　浙江省文化厅
　　　　　浙江省文物局
　　　　　广东省文化厅
　　　　　广东省文物局
　　　　　香港特别行政区政府康乐及文化事务署
　　　　　澳门特别行政区政府文化局

承办单位　浙江省博物馆
　　　　　广东省博物馆
　　　　　香港艺术馆
　　　　　澳门博物馆

展览时间　2014年7月18日至10月11日
展览地点　杭州西湖文化广场E区浙江省博物馆武林馆区

前　言

　　陶瓷文化是中国传统文化中重要的华彩篇章。陶器是全人类共同拥有的财富。而瓷器是中华民族对世界文明的重要贡献，中国也因此拥有了"瓷之国度"的美称。

　　成熟于西汉时期的南海海上丝绸之路，在唐代得到了迅猛的发展。至少从这个时期起，中国的陶瓷器已大量从海路出口外销。从唐至清代，从南海通向世界各大洲的各条航线，无不见证了这一辉煌。因此这些海外贸易通道也被称为"陶瓷之路"。

　　中国的陶瓷器，对世界文明的进程发挥了重要的促进作用。东方和西方的不少国家，也在中国陶瓷的影响下，逐步发展起了自己的陶瓷产业。

致 辞

　　丝绸之路是当下大家耳熟能详的一个词汇，它是指起始于古代中国，连接亚洲、非洲和欧洲的古代商业贸易之路。广义上讲又分为"陆上丝绸之路"和"海上丝绸之路"。其中的"海上丝绸之路"是古代中国与国外交通贸易和文化交往的海上通道。形成于秦代、成熟于西汉的"海上丝绸之路"，在唐代得到了迅猛的发展。从这个时期起，中国的陶瓷器已大量从海路出口外销。从唐代至清代，从海上通向各地的各条航线，无不见证了这一辉煌，因此这些海上贸易通道也被称为"陶瓷之路"。但不管是"海上丝绸之路"，还是"海上陶瓷之路"，它的实质是中外文化交流的重要通道，也是不同文明之间的对话渠道。

　　浙江是我国开展海外贸易最早的省份之一，追其渊源，约有2000多年的悠久历史，大约经历了从浙江海外贸易的起始、汉唐之间章安港的贸易、唐至北宋海外贸易的发展、南宋及元代海外贸易的繁荣与明清海外贸易的波浪式发展等五个阶段，在中国海外贸易史上占有重要地位。

　　浙江青瓷对外输出历经千年之盛，遍布世界许多国家与地区，并对各地的制瓷业产生深远的影响。基于此，浙江省博物馆向国家文物局"指南针计划"申请了"中国古代瓷器生产技术对外传播研究"这一课题，并在研究的基础上相继举办了"大元帆影——韩国新安沉船出水文物精华"（2012年）、"扬帆南海——华光礁1号沉船出水文物特展"（2014年）两个临时展览。本展览即为我馆"海上丝绸之路特展"系列的第三个展览。

　　感谢粤港澳三地的博物馆提供精美的各时代外销瓷器以飨浙江观众，让普通公众感受文物之美的同时，促进对祖国灿烂陶瓷文化的认识，以及领略到中华传统文化的博大精深。

　　祝展览圆满成功!

浙江省博物馆馆长 陈浩

2015年6月

致　辞

　　中国是海洋大国，有着漫长的海岸线和悠久的航海史。千余年来，"中国制造"的商品源源不断地经由海洋销往欧亚各地，"丝国"与"瓷国"一度成为中国的代称。为凸显陶瓷在连接古代中国和世界方面的重要性，粤港澳博物馆界于2012年携手推出"海上瓷路——粤港澳文物大展"，并在三地成功巡回展出。该展览汇聚了粤港澳三地博物馆收藏之不同时代的中国外销瓷器，并包含了新近打捞出水的"南海I号"、"南澳I号"沉船陶瓷，以及17—19世纪日本、欧洲等地生产的瓷器精品等，以期展现古代海洋陶瓷贸易的起源、发展和繁荣盛况，探究中国陶瓷对世界陶瓷生产的深远影响。

　　2014年初，澳门博物馆倡议将"海上瓷路"展推荐到内地的重要博物馆进行巡展，这一建议立即得到香港艺术馆和广东省博物馆的热烈响应。我们认为，在"一带一路"已经上升为国家战略的大背景下，博物馆界以文物来追溯"海上瓷路"的辉煌历史、展示中国古代陶瓷的高超工艺和艺术之美，为21世纪海上丝绸之路建设提供借鉴和助力，具有特别重要的现实意义。经过近一年的努力，"海上瓷路"展的新巡展计划终于得以实现，将先后在杭州、武汉和深圳三地与观众见面。浙江省博物馆是本次国内巡展的首站，因为浙江是我国古代对东北亚和东南亚贸易的重要对接点，是越窑和龙泉窑瓷器的故乡，而浙江省博物馆更是中央——地方共建的重要文化机构。我们相信，在这里举办"海上瓷路"展，无论对于深化展览主题，让更多的观众了解海上瓷路，还是对于加强浙粤港澳四地博物馆之间的交流与合作，都将起到非常积极的推动作用。

　　在此，本人谨代表广东省博物馆对浙江省博物馆陈浩馆长以及所有为本次展览的顺利举办付出过努力、汗水和辛劳的人员和机构表示衷心的感谢！

　　期待浙粤港澳博物馆之间的文化交流和合作不断深化并取得更多成果！预祝本次展览获得圆满成功！

广东省博物馆馆长　魏峻

2015年6月

致 辞

　　粤、港、澳三地地理位置紧密相连，在不同历史时期皆担当着重要的角色，既在经济上作为对外贸易的窗口，又在文化交流和传播方面发挥独特的作用。"海上瓷路"展览正是从陶瓷贸易的角度出发，阐释粤、港、澳三地由历代以来作为贸易港口及中外文化的交汇点和其在历史中的特殊地位。2012年，广东省博物馆、澳门博物馆及香港艺术馆携手合作，一同筹划组织"海上瓷路"展览，先后于广州、澳门及香港展出，又配合展览举办研讨会，得到业界和三地人民的支持。今年，三馆与浙江省博物馆合作，将展览带到杭州，稍后再移师武汉及深圳，让更多不同省市的观众都能够欣赏到中国外销瓷器远披四海的魅力，及其对世界陶瓷发展的重要影响。

　　此次巡展首站选址浙江杭州，别具意义。自唐代以还，浙江青瓷经海路及阿拉伯商人远销印度、波斯、埃及、非洲，甚至西班牙等地，是对外输出的重要商品。北宋朝廷更先后在广州、杭州、明州（今宁波）等地设置市舶司，管理海上对外贸易，浙江青瓷便是其中主要商品之一；在广东阳江打捞出水的南宋沉船"南海 I 号"上，就发现了不少龙泉青瓷。13世纪以后，龙泉青瓷继续经广州和泉州等港口，外销至日本、朝鲜、东南亚、南亚、西亚、非洲等各国，分布范围极广。从各地出土、出水文物及公私营博物馆收藏可见，浙江青瓷占了相当的数量，而且延续了一段很长的时间。由此可见浙江在"海上陶瓷之路"上同样扮演着举足轻重的角色，作为是次"海上瓷路"内地巡展的首站，意义深远。

　　本人期望粤、港、澳三地与浙江未来能继续加强彼此的文化合作和交流，如千多年以来往还不断的"海上陶瓷之路"一般，延绵不绝，惠泽社群。本人衷心感谢广东省博物馆为筹备是次巡展付出的努力，并浙江省博物馆的鼎力支持，在此谨预祝展览圆满成功！

香港艺术馆总馆长 谭美儿

2015年6月

致 辞

　　瓷器是中华民族的骄傲。中华民族的先民们用自己的勤劳和智慧，创造出巧夺天工、令世人惊叹的精美瓷器。瓷器和丝绸一样，也成为各国商人争相订购的产品而畅销海内外。

　　在开启陆上丝绸之路的同时，海上的丝瓷之路也自西汉武帝时代开始，向南中国海和印度洋进发，开通了由广东徐闻、合浦到东南亚、印度、斯里兰卡的贸易航线。由于海上的航路更适合装载笨重的瓷器，是以催生了南方瓷业的发展和兴盛。

　　浙、粤、港、澳四地均位处东海和南海之滨，成为面向东亚、东南亚、印度、中东，乃至非洲和欧洲辽阔大地的最为便利的始发港。因此，四地曾在不同的历史时期中，分别扮演国际航运枢纽港的角色。

　　在港澳分别回归祖国之后，粤、港、澳三地加强文化合作，已经历了十三个年头。目前，"海上瓷路"大展在浙江的成功举办，正是三地共同加强与内地合作，相互协作，所共同取得的重要成果，而我们亦十分感谢浙江省博物馆和我们联手合作，共同弘扬中华优秀的海上瓷路文化。

　　透过是次精心策划的展览，我们将回顾一段令人难忘的珍贵历程，看到同样面对大海的浙、粤、港、澳四地，如何在中外贸易、促进多元文化及艺术交流过程中，各自作出精彩的贡献。大家在欣赏精美雅致的瓷器展品之时，当会为先祖们透过双手创造出来的艺术世界所倾倒。

　　最后，本人谨代表澳门博物馆，感谢浙江省的有关机构、领导、专家、学者，以及所有热心推动文化建设的朋友，在是次筹办展览的一年多时间里，对本次展览所给予的关心、鼓励及支持，使澳门这座位处珠江边陲的小城，再度担当文化交汇舞台的角色。

澳门博物馆馆长

2015年6月

目 录

刍议18世纪至19世纪早期广彩纹章瓷器的边饰

广东省博物馆 刘冬媚

　　广彩即广州织金彩瓷的简称，是清代专为外销而生产的釉上彩绘瓷器品种。当时为适应外销的需要，将景德镇所烧的素瓷坯运到广州后，根据外商的需求，加以彩绘，再经700℃—750℃烘烤而成。其工艺是在吸收传统的五彩和粉彩技艺基础上再创新发展而成的。广彩始于清代康雍之间，盛于乾隆、嘉庆，终清一代不绝，流传至今。清康熙二十三年（1684）解除海禁，次年下令于广东广州、江苏松江、浙江宁波、福建厦门设置粤海关、江海关、浙海关、闽海关等四个海关，此四处为对外贸易港口。此时外国来华贸易的商船随之增多。西洋重华瓷，在广州订货或来样加工，因而促进了广彩瓷器的生产和发展。其中来样加工的重要品种是广彩纹章瓷器，有很多的纹章瓷留有设计图纸[1]。

　　纹章出现于中世纪的欧洲[2]，是具有身份识别作用的、佩戴或描绘在中世纪盾牌上的世袭颜色和符号系统。最初，纹章的功能具有实用性，它独一无二的图案和颜色，便于交战双方能从远处识别身份、区辨敌友。随着社会变革，纹章逐步演变为世袭、身份和地位标识的用途。纹章的使用对象发展到如服装、艺术品、建筑物等。将徽章标志烧制在瓷器上，这种瓷器称为纹章瓷。纹章瓷主要分为名人徽章、机构徽章或公司徽章、省城徽章、军队徽章[3]。

16—18世纪的大部分时期，欧洲尚未能生产出可以与中国瓷器相媲美的同类产品，只能从中国进口，因而中国瓷器垄断了欧洲工艺瓷和日用瓷器市场。最早的纹章瓷是明晚期由欧洲人向景德镇订做的青花瓷器。根据国内现有的出土资料，景德镇出土的明万历（1573—1620年）末年青花纹章瓷碎片，是目前能见到的最早的纹章瓷实物资料。另一种说法是，明正德年间（1506—1521年）葡萄牙国王曼努埃尔一世（Manuel I,1495—1522年）的景德镇青花执壶，器身绘制了有他姓名的浑天仪，寓意他将控制全世界[4]。16世纪到17世纪中叶，纹章瓷是以青花制品为主。17世纪晚期，许多原先地位低而没有特定纹章的富贵人家开始申请和使用自己的纹章盾牌，纹章瓷器需求量日益增大。此时开始出现各种纹章瓷的彩瓷，但传世作品甚少。18世纪至19世纪早期，是纹章瓷生产的兴盛期，单英国市场上所见的徽章纹即有4000多种。此期纹章瓷既有景德镇也有广彩制品，绝大多数是广彩瓷，这可从欧美国家博物馆现存情况中知证[5]。对于此时广彩瓷器的生产盛况，《中国陶瓷史》在清代瓷器"输出"一节中谈道："美国旅行者William Hickey于1786年（乾隆三十四年）参观广州珠江南岸的广彩加工工场后描述说：'在一间长厅里，约二百人正忙着描绘瓷器上的图案，并润饰各种装饰，有老年人，也有六、七岁的童工。'这种工场当时竟有一百多个，这也说明外销瓷数量之大。"[6] 到了19世纪后期，随着中国风物热的衰退和欧美本土瓷业的发展，中国纹章瓷业因此式微。

广彩纹章瓷在18世纪至19世纪早期（清代乾隆、嘉庆时期）产量较大，这一时期的产品主要由欧美国家定做，风格独特且具有代表性。它身处当时对外贸易的前沿地区，见证了中西文化交流的历史，折射出纹章瓷产业的繁盛风貌。因此本文将对这一时期的广彩纹章瓷进行讨论。

由于纹章土生土长于欧美国家，中国的研究者对纹章瓷的研究存在以下的主要障碍：1.文化隔阂，主要体现在语言和纹章内容难以被理解；2.实物欠缺，纹章瓷主要用于外销所以基本留存在外国，这是一直以来中国学者研究纹章瓷的主要阻碍；3.资料缺失，明清中国纹章瓷烧制的中文记载非常少。西方学者的研究工作则侧重于资料搜集，为我们提供了丰富的素材。对纹章瓷研究的切入点一般来说主要在纹章图案。另一方面，纹章瓷的边饰也是一个重要的特征。笔者认为，以边饰入手对纹章瓷进行考察，可谓"另辟蹊径"，能大大丰富对纹章瓷器的历史和艺术价值内涵的发掘，更进一步可以为纹章瓷乃至非纹章瓷的历史文化定位提供重要的参考与佐证。本文主要讨论广东省博物馆馆藏的18世纪至19世纪早期广彩纹章瓷器的边饰特点及例举相关边饰，以此为工具对一些未断代的广彩瓷器做更精确的断年，并希望可为中西陶瓷文化交流、中西贸易史等领域提供更多素材。

一、18世纪至19世纪早期广彩纹章瓷器边饰的特点

18世纪至19世纪早期广彩瓷器逐步形成鲜明个性，"广窑仿洋瓷烧者，其绚彩华丽"[7]的基本特征已有记载。欧洲洛可可风尚和中国热流行正酣，因此对广彩瓷器的影响较为明显。作为专门为外销生产的品种，广彩瓷器体现了强烈的中西合璧的艺术风格，一方面因中国元素而吸引追逐中国趣味的西方人，另一方面又融入西洋元素来迎合西方品味。体现在纹章瓷器的边饰上，有如下特点。

1.边饰体现了强烈的中西风情。

此期的家族纹章瓷，边饰有的采用中国图案，有的则采用西方的样式，都非常

受订烧者的欢迎。如一位荷兰驻印度尼西亚雅加达的总督阿迪安·维克尔（Adriann Valckeier）做了三套家族纹章瓷。其中两套是广彩制品，一套用了中国牡丹花做折枝边饰，另一套以荷兰阿姆斯特丹的风景作为边饰[8]。

2.边饰的品种丰富多样。

边饰的丰富性，可从大量的实物中知证。另据文献记载[9]，当时有一种在一个盘子上绘有不同边饰的样板瓷，就是专供订制人拣选的。这种样板瓷也会送往欧洲，接受订货。这些边饰纹样应该是从外来样式中收集，也有一些由中国人设计，边饰也多使用开光手法。

3.各种边饰有其流行年代，而且流行的时间维度不等，少则十年，多则贯穿了18世纪至19世纪早期。

按照欧洲的传统，家族的纹章只能由长子完整地继承，因此，每一个完整的家庭纹章出现时，就证明此人是家中的长子。而每经过一次婚姻，都要由女方的家族纹章和男方的个人身份、地位（主要从头盔中识别）及家族纹章三个方面组合成一个新的纹章。如果找到他们结婚的时间，就能给纹章瓷断代。一般而言，以此方法断代，时间准确，误差不超过两三年[10]。而按照大量纹章瓷的纹章的出现时间，可归纳出纹章瓷各种边饰的流行年代。西方纹章瓷研究的集大成者是大卫·霍华德的《中国纹章瓷》（一、二册）[11][12]。此书共搜集约4000套纹章瓷的图案，说明了不同时期、不同定制者的纹章瓷特点，清晰展示了纹章瓷风格的演变。通过对此书中大量有精确断年的纹章瓷器归纳得出，各种边饰有其流行年代，而且流行的时间维度不等，少则十年，多则贯穿了18世纪至19世纪早期。

图一 清乾隆广彩描金
花卉纹章纹马克杯
（广东省博物馆藏）

图二 清乾隆广彩花卉纹章纹盘
（广东省博物馆藏）

二、18世纪至19世纪早期广彩纹章瓷器的边饰例举

笔者所在的工作单位广东省博物馆有相当数量的18世纪至19世纪早期广彩纹章瓷收藏，为我们进行这方面的研究提供了充足的素材。下面举十个18世纪至19世纪早期广彩纹章瓷器的边饰作为例子，未囊括和未尽之边饰尚待深入研究。

1.链条边饰

链条边饰与纹章相结合绘画，链条边饰是该器物的唯一装饰。器物口沿处绘链条纹饰一周，简洁大方，突出了纹章的主体地位。这种风格流行于乾隆时期的1740年至1780年。自1750年固定下来后，形式变化不大，从1765年之后开始式微。这种边饰是广彩瓷器的边饰，景德镇的瓷器上较少见。

广彩描金花卉纹章纹马克杯（图一）。高14厘米，口径10.5厘米，底径10厘米。杯口沿处绘链条纹饰一周。根据对纹章的辨识，该酒杯为Arthur定制，他是第五代伯爵，1757年继承爵位，1760年成年。此杯约在1760年定制，符合链条边饰的流行年代。

2.矛头边饰（璎珞纹）

矛头边饰（璎珞纹）不单独与纹章配合绘画，但应用很广，时间上也贯穿了乾隆时期广彩纹章瓷器的始终。在乾隆朝约六十年中，矛头边饰风格经历了细微的变化，

图三 清乾隆广彩花卉葡萄牙纹章纹镂空盘
（广东省博物馆藏）

图四 清乾隆广彩花卉纹
章纹狮钮八角形带盖汤盅
（广东省博物馆藏）

这种风格的变化是横向（不同工厂）还是纵向（不同时期）造成的，还有待研究。

广彩花卉纹章纹盘（图二）。高5.5厘米，口径37×29厘米，底径24×16厘米。盘沿及折沿处各绘矛头边饰一周。根据对纹章的辨识，此套餐具绘有苏格兰Mackenzie家族和Chisholm家族的组合纹章，定制时间大约是1755年（乾隆二十年）。

3.西洋花卉飘带边饰

西洋花卉飘带边饰与纹章结合，较链条和矛头边饰产生时期晚。主要流行于乾隆时期及嘉庆早期，大概是1745年至1795年，以及1800年至1805年。越到后来，花边越窄，花的变化也不多，画工没前期好。

广彩花卉葡萄牙纹章纹镂空盘（图三）。高4.7厘米，口径25.8厘米，底径13.8厘米。盘内边沿绘西洋花卉飘带边饰一周。根据对纹章的辨识，碟上绘有葡萄牙Jose Mascarenhas Pacheco Perieira Coelho de Melo纹章。他是法学博士、Brasiliera de Renascidos学院创始人和院长，后不慎犯错被捕。此盘定制时间大约是1755年。

广彩花卉纹章纹狮钮八角形带盖汤盅（图四）。高21厘米，口径29×21厘米，底径24×15.5厘米。此汤盅为长方八角形，盖上以大红狮子为钮。盅盖边沿绘西洋花卉飘带边饰一周。根据对纹章的辨识，为苏格兰Wilson家族纹章。定制时间为1765年。

图五 清乾隆广彩爱尔兰
"J.E.M"纹章纹花口盘
（广东省博物馆藏）

图六 清乾隆广彩"Rogers"家族花卉纹
章纹八角形盘
（广东省博物馆藏）

4.卷草纹边饰

卷草纹边饰与纹章相结合绘画，卷草纹边饰为该器物的唯一装饰。器物口沿处绘卷草纹饰一周，简洁大方，突出了纹章的主体地位。这种风格流行于乾隆时期的1785年至1795年，流行时间较短。

广彩爱尔兰"J.E.M"纹章纹花口盘（图五）。高3厘米，口径16.5厘米，底径8.7厘米。盘边沿绘卷草纹边饰一周。根据对纹章的辨识，此盘上饰有爱尔兰Maunsell家族的纹章头冠和首字母缩写"J.E.M"。定制时间约为1785年。

5.竹子花纹边饰

竹子花纹边饰是一种来自荷兰的代尔夫特样式。18世纪下半叶，竹子花边纹样被应用到英国的家具、瓷器、银饰、墙纸、相框等。瓷器的竹子花纹边饰流行于1755年至1780年，越到后期，画得越简单。这种边饰的瓷器，最早是通过瑞典东印度公司购买的。竹子花纹边饰在斯堪的纳维亚地区（注：scandinavia，北欧地区，包括挪威、瑞典、丹麦等地）非常流行。此地区很大部分的纹章瓷器都绘画这种边饰。

广彩"Rogers"家族花卉纹章纹八角形盘（图六）。高2厘米，口径21.5厘米，底径12.7厘米。盘边沿绘竹子花纹边饰一周。此件瓷器上绘菱形纹章，专为女性而设。根据对纹章的辨识，纹章的主人Mary Lynch，她是英格兰南部格洛斯特郡多德

图七 清乾隆墨彩描金
荷兰政界人物肖像图纹章纹咖啡杯
（广东省博物馆藏）

图七—1 清乾隆墨彩描金
荷兰政界人物肖像图纹章纹咖啡杯
（广东省博物馆藏）

斯韦尔（Dowdeswell）教区Rogers家族成员。Mary Lynch于1731年和Richard Rogers结婚，1770年寡居。此盘大约是1770年定制。

6.Duquier巴吉额样式边饰

此种边饰是流行于1740年左右的荷兰代尔夫特纹饰的一种，画面以雕刻效果画出蔓藤纹饰，是从银器上移植过来的一种图案。1740年左右，墨彩被大量用在瓷器中，这种边饰也有紫红色。

墨彩描金荷兰政界人物肖像图纹章纹咖啡杯（图七）。高6.3厘米，口径6厘米，底径3.5厘米。杯沿绘Duquier巴吉额样式边饰一周。此杯子上绘的是荷兰人Willem Van Haven，他在政治和外交领域功勋卓著，后来因个人行为不检和风流韵事下台。杯上绘有其本人的纹章和肖像，外刻一圈文字表明了他的身份："Willem Van Haven，Het Bildt市长，Friesland省议会代表。"（荷兰语）此杯约定制于1742年。

7.卷叶纹边饰

这种边饰是典型的欧洲风格，流行于1740年至1755年。有多种变体的形式，下面列举两类最常见的形式。

广彩描金纹章纹盘（图八）。高2厘米，口径23.1厘米，底径13.1厘米。盘沿绘卷叶纹一周。经对纹章的辨识，此盘绘爱尔兰南部科克郡弗莫伊Roche子爵家族徽章。

图八 清乾隆广彩描金纹章纹盘
（广东省博物馆藏）

图九 清乾隆广彩描金"Dugdale"纹章纹盘
（广东省博物馆藏）

David Roche是撒丁国王麾下猛将，在Maria Theresa女王和路易十五的战争中表现卓著，尤其是1746年围攻赫罗纳市。这套餐具是为他定制的。

以下这种形式的卷叶纹更为流行，流行开始的年代稍微晚一些，大概是1745年至1755年，而且与纹章配合施用起来的数量更多。

广彩描金"Dugdale"纹章纹盘（图九）。高2厘米，口径23厘米，底径12厘米。盘沿绘卷叶纹一周。此盘绘有Dugdale家族纹章，完全按照John Dugdale的藏书标签绘制。John Dugdale是莫布雷特派传令官。1745年他定制过一套餐具，但工匠用错颜色。John Dugdale于1749年辞世，此盘制于1750年，这套餐具可能是他生前定制，也可能是他的外甥或其他后代定制。

8.金彩星星蓝彩宽花边

这种边饰流行于乾隆和嘉庆交界的时期，1790年至1800年。这种边饰最开始是美国市场定制的。

广彩纹章纹椭圆大盘（图十）。高6厘米，口径43.5厘米，底径31厘米。盘椭圆形，浅腹，浅圈足。盘内沿绘蓝彩锦带纹，盘心绘徽章纹图。盘沿绘金彩星星蓝彩宽花边。根据对纹章的辨识，纹章属于Pratt家族，是居住于英格兰Camden Town的贵族。纹章飘带上的拉丁文意为"依照同等社会地位的人或依照法律审判"。

9.杜·帕克尔（Du Paquier）边饰

这种边饰来源于维也纳的杜·帕克尔（Du Paquier）。1718年奥地利的帝国矿山

图十 清乾隆广彩纹章纹椭圆大盘
（广东省博物馆藏）

图十一 清乾隆广彩描金
爱尔兰"Minchin"纹章纹盘
（广东省博物馆藏）

监督署杜·帕克尔（Du Paquier）在维也纳建立欧洲第二家硬质瓷器厂。乾隆时期的广彩纹章瓷采用了这种边饰，流行时期是1740年至1760年。这种样式单单是为墨彩而设计，很多时候都不配合纹章使用。

广彩描金爱尔兰"Minchin"纹章纹盘（图十一）。高1.8厘米，口径22.9厘米，底径12厘米。盘边绘杜·帕克尔（Du Paquier）边饰。经辨认，此盘饰有爱尔兰蒂珀雷里（Tipperary）郡Minchin家族徽章。George Minchin是蒂珀雷里郡名誉郡长Humphrey Minchin之子，东印度公司船长。此盘可能是George Minchin为他与妻子Jane结婚所定制。他们于1740年结婚。

10.各种边饰相结合

以上的各种边饰会同时使用在同一件器物上，如以下的矛头边饰和链条边饰的使用。

广彩花卉"Boume"纹章纹花口盘（图十二）。高1.9厘米，口径23厘米，底径12.3厘米。此盘绘有Boume家族的徽章。纹章的盾牌形状，显示出与东印度公司订单相关。英国著名陶瓷生产商伍斯特工厂（Worcester）也制造了相关的替代品。

三、18世纪至19世纪早期广彩纹章瓷器边饰的断代意义

从以上一节的描述看出，纹章瓷器的边饰流行时间不长，有个别边饰，流行的

图十二 清乾隆广彩
花卉"Boume"纹章纹花口盘
（广东省博物馆藏）

图十三 清乾隆广彩花卉纹章纹盐碟
（广东省博物馆藏）

时间就10年左右。以边饰特点为工具，就可以对其他广彩瓷器进行更精确的生产年代判断。通过确定更精确的年份，可以窥视当时中西文化艺术交流的状况以及中西陶瓷制作工艺达到的水平，是对中西文化交流史的有力实证。

通过以上的归纳分析，我们可以把这批馆藏广彩纹章瓷总结为一份蓝本，它将可以为我们对相似风格的其他广彩瓷器的具体断代提供参考依据。根据第一节的10个边饰大类，本文举例对以下器物进行断年。

广彩花卉纹章纹盐碟（图十三）。高3.8厘米，口径7.7×6.2厘米，底径8.5×6.3厘米。碟沿绘链条边饰一周。按照第一节的十大边饰大类，可归为第一类，故此碟的年代应该是1740年至1780年。

广彩洋人归航图大碗（图十四）。高13厘米，口径30厘米，底径15厘米。该碗以青花缠枝花卉绘四个开光，正反两面主题纹饰各异，一面绘远洋航船从中国归来，在码头上卸下大堆货物；另一面绘海边的一家三口，男主人牵着牛回家，妻儿跟在后面。这是把典型的中国式田园生活场景套在了西洋人身上。两个侧面开光内绘山水纹。碗的内边沿绘卷叶纹。碗的内边沿卷叶纹与第七种边饰分类一致，因此推定此碗的年代是1745年至1755年。有了较精确的年代判断，结合器物描绘的场景能为我们中西贸易交流的研究提供更多丰富的材料。

这是笔者的尝试性推断，其准确性有待更多材料的佐证，期待能成为研究的有

图十四 清乾隆广彩洋人归航图大碗
（广东省博物馆藏）

效方向。

　　本文对广东省博物馆馆藏18世纪至19世纪早期广彩纹章瓷的边饰进行了划分，并通过边饰特征给出了年代的确定。通过这批实物的参照，相信可以为其他未精确定年的广彩瓷器提供断代的参考性意见。

注　释

［1］余春明：《中国名片：明清外销瓷探源与收藏》，生活·读书·新知三联书店，2011年。

［2］MichelPastoureau著，谢军瑞译：《纹章学——一种象征标志的文化》，上海书店出版社，2002年。

［3］黄静：《扬帆珠江口——南海海上丝绸之路与外销陶瓷》，广东人民出版社，2014年。

［4］黄静：《扬帆珠江口——南海海上丝绸之路与外销陶瓷》，广东人民出版社，2014年。

［5］陈玲玲：《广彩：远去的美丽》，九州出版社，2007年。

［6］黄静：《扬帆珠江口——南海海上丝绸之路与外销陶瓷》，广东人民出版社，2014年。

［7］黄静：《扬帆珠江口——南海海上丝绸之路与外销陶瓷》，广东人民出版社，2014年。

［8］余春明：《中国名片：明清外销瓷探源与收藏》，生活·读书·新知三联书店，2011年。

［9］陈玲玲：《广彩：远去的美丽》，九州出版社，2007年。

［10］余春明：《中国瓷器欧洲范儿——南昌大学博物馆馆藏中国清代外销瓷》，生活·读书·新知三联书店，2014年。

［11］David Sanctuary Howard, Chinese Armorial Porcelain VolumeI, London：Faber. 1974；

［12］David Sanctuary Howard, Chinese Armorial Porcelain VolumeII, Heirloom & Howard Ltd. 2003.

从东洋到西洋

香港艺术馆馆长（中国文物） 邓民亮

　　海上贸易航道，不仅是一线经济货殖的航路，也是一条联系不同民族的文化链。宋代对海洋贸易的开放态度，为北宋和南宋朝廷带来可观的收入，同时让宋人的生活文化远披四方。当时高丽和日本深受影响，宋、元时期的东海航路从福建泉州，浙江温州、宁波北部延伸至高丽全罗道新安郡，东及日本九州博多。随着东西方对海上航路不断开拓，连接远东与欧洲的航路，终在15世纪打通，这是全球化的开端。而透过贸易，东西文化亦不断交流，带动了人类文明的进步。

一、建窑·天目

　　北宋的饮茶风气，便是从日本平安时代（794—1185）到镰仓时代（1185—1333）经由赴中国学习的禅僧传播到日本，而宋人饮茶的方式和器具更在日本形成长达数世纪的潮流，日本茶道至今保存着这些传统。天目茶碗就是在约十二世纪前半期引进到日本，经过二百多年，到了15世纪室町时代（1338—1573），更被奉为最高品位的观赏收藏。自日本桃山时代（1573—1615）以降，天目茶碗备受极致推崇，流传于茶道家、将军、大名之间[1]。然而，随着明代以后中国的饮茶、制茶方式转变，天目碗早已从中土文化视野中消失。

　　天目茶碗，相传是日本僧人得自杭州天目山，因而得名。宋时日僧来中土，多从浙江明州（宁波）登陆，参访五山名刹，即临安（杭州）径山寺、灵隐寺、净慈寺和明州天童寺及阿育王寺。而五山之首临济宗的径山寺，更是必到之地，该寺即在天目山中（天目山在浙江省北部临安市境内，与安徽省交界处）。日僧学佛之外，还学了当时流行的斗茶，所用的茶碗其实来自福建建阳地区的建窑。他们把茶碗带回日本，传为尊贵无上的"唐物"，影响了日本人长达千年的"天目碗"的审美传统[2]。

宋代的建窑，本是一处普通的民间窑场，以烧制黑釉系统的生活用器为主，其生产的茶盏，乃是受当时饮茶、斗茶风气的影响应运而生。北宋名臣蔡襄早年曾著《茶录》，当中特别推崇"建盏"，谓："茶色白，宜黑盏，建安所造者，绀黑，纹如兔毫，其坯微厚，熁之久热难冷，最为要用。出他处者，或薄，或色紫，皆不及也。其青白盏，斗试家自不用。"蔡襄捧建盏而贬其他陶、瓷茗具，除却它的功能外，多少还带些乡邦情结，因蔡氏本身就是福建莆阳人，且他更是监制贡茶的官员。他所进的龙团、凤饼，每两以黄金计。而建瓯"凤凰山"则是"御茶园"（北苑）的所在地。他与福建转运使丁谓配合朝廷北苑贡茶的活动，向朝廷进奉建盏，进一步提升建盏的地位。到宋徽宗时代，建盏得到皇帝的青睐，声名鹊起。宋徽宗以无锡"惠山泉"、"建溪异毫盏"和北苑"新贡太平嘉端茶"宴请群臣，

图1 建阳窑黑釉兔毫纹碗

其时建盏遂成汴京"三绝"之一。可是,建盏的热潮,可能随着北宋灭亡而减退,明、清二代不复见于文献记载。直到晚清,才又引起中国学者的兴趣。晚清的考古风,带动学者重新探索古代陶瓷窑址,出版于宣统二年(1910)的《陶雅》云:"近有闽人掘地,所得古盏颇多,质厚色黑紫。茶碗较大,山谷(黄庭坚)诗'以之斗茶者也',酒杯较小,东坡诗'以之盛酒者也',证以蔡襄《茶录》,其为宋器无疑。曰'瓯宁产',曰'建安所造',皆闽窑也。底上偶刻有阴文'供御'楷书二字。"而发现带"供御"款的建盏,印证了史籍中它曾作为贡品的光辉岁月。近代的考古发现更说明建盏的鼎盛期,当在北宋政和二年(1112)到南宋乾道六年(1170)之间,南宋淳熙(1174—1189)以后,便逐渐走向衰落[3]。

香港艺术馆借出的展品中,正有一"建阳窑黑釉兔毫纹碗"(图1),来自宋代建阳白马前窑。据1982年以后的考古调查,古窑址在建阳县麻沙镇大白村东,当中发现有黑釉茶碗。这些茶碗胎体皆夹黑色或深灰色,颗粒粗糙,但烧结紧密,圈足造型规整,在靠近圈足处与碗身上釉部分留有一道约1—1.5厘米的露胎斜面。碗体釉色以黑色为主,口沿釉薄处为褐色,釉面上有清晰的兔毫斑纹,碗体是束口碗设计,沿唇稍向外撇,斜腹较深[4]。上述建阳茶碗的基本特征与馆藏兔毫纹碗互相吻合,而且此碗造型、上釉均较一般出土样品细致,底部更有"供御"款,尤见珍贵。

有趣的是,当建窑黑釉器随宋室灭亡、斗茶风气式微而淡出中土的历史舞台时,它在彼邦日本却成为上层社会推崇备至的"天目茶碗"。到了元、明时代(即日本的南北朝时代到室町时代),日本贵族追求"天目"之风有增无减,他们透过海商将由中国搜罗到的两宋建盏遗物不断运到日本。1976年，在南韩全罗南道新安，即木浦市附近新安郡智岛西防筑里的道德岛海岸进行的沉船发掘，出水的各式器物当中，发现建盏茶碗50枚，船上又发现"至大通宝"年号铜钱（即1308至1311年之间），以及附日期及具名的货物标记，上有墨书元英宗的年号"至治二年"（1322），由此可以推测此船沉没的时间在1323年左右，推断此船是驶往博多或平户途中沉没的[5]。这批茶碗现存韩国国立中央博物馆，其中两枚宋代建盏的造型和釉色，都近似是次展出的建窑碗[6]。从新安沉船中更发现使用过的建盏，又其中两枚更特别装在一个圆筒形木箱内，必为价值不菲之物。这些沉船遗物足以说明日本人对天目茶碗的殷切需求，促使商人从中国搜罗建盏运销日本，以获取厚利。

由这小小的建窑茶碗，投射出一幅时间贯穿数百年，地域从福建联系至韩、日两国的巨大贸易与文化版图，让我们对中国以至东亚地区的文化，有更辽阔的视野。

二、南海·南洋

南海，也是中国最早与域外发展贸易交流的地区之一。早在两汉，南海通道已经开通，与东南亚诸国建立海上贸易的关系；魏晋南北朝时期，佛教的传入和中土僧人往天竺求法，多是利用南海航路。历年来，南海地区发现的历代沉船遗物，足证这条航路上频繁的贸易活动。唐代的扬州和广州均是海港重镇。自印度尼西亚勿里洞岛发现的一艘从中国港口开往中东的阿拉伯沉船"黑石号"，所载货物以湖南长沙窑器为主，广东陶瓷为次，由是推测货物可能从江南及湖南先运至扬州，经广州时再载上广东陶瓷或集于广东，再出赴中东[7]。另外，广东阳江的"南海I号"是迄今发现最大型的南宋船只，船上所载货物以福建地区闽清义窑、德化窑、磁灶窑居多，景德镇窑、龙泉窑较少，从而推断其集散出海的港口可能是福州或泉州，而船的沉没地区位于广东台山阳江海岸，说明其南下的航程，再与东南亚地区发现的南宋时代大量同类型器物比对，可以推断其目的地当为南洋诸国[8]。此外，其他沉船如西沙"华光礁I号"、"泉州湾后渚宋代沉船"、福建平潭"大练I号"元代沉船、广东汕头"南澳I号"明代沉船等[9]，都见证着历久不衰的南洋海上贸易圈。

随着大航海时代的到来，南洋地区成为中西海上贸易的重要中转站。1511年，葡萄牙人占夺马六甲，取得与远东丝绸贸易的专营，由于达·伽马曾在印度卡利卡特（加尔各答）购得中国瓷器献给葡国国王唐·曼努埃尔一世（D. Manual I），引起宫廷极大的兴趣。至1514年左右，葡萄牙透过驻马六甲的官员，正式打通与中国的海商瓷器贸易之路。到了1530年代，葡萄牙人已能透过海商，向景德镇直接订购，甚至烧制有名款的瓷器[10]。澳门开埠以后半世纪，中葡贸易更盛，著名的"克拉克瓷"标志了这段历史，直到1600年荷兰染指远东贸易。1602年，荷兰人组织了荷兰的东印度公司，分别于1602和1604年，两次击败葡萄牙，并虏获满载中国瓷器的商船，荷兰将瓷器运往米度堡和阿姆斯特丹拍卖，欧洲皇室争相购买，荷兰人称这些瓷器为"加橹瓷"。1625年后，荷兰夺取台湾作为远东据点，并直接向景德镇订购瓷器，其时景德镇官窑早已消亡，瓷器作坊都是以供应各地市场为主，直至明朝灭亡，清兵南下，生产一度停顿，至康熙初年始渐恢复；后世称此时期的瓷器为"明清交替瓷"。

由于清朝与南明的战事，中国主要陶瓷生产区均告停产，加上1661年郑成功驱

图2 德化窑白釉观音像

逐荷兰人并据守台湾，继续抗清，荷兰商人只能转向日本九州有田地区采购陶瓷器。直至1683年，清廷重开海上通商门户，各地窑场生产亦渐次复苏，其时荷兰以巴达维阿（Bataria）作基地，让中国帆船舶来的货物源源运至当地再转运欧洲[11]。

　　1990年在越南南头的Hon Bay Canh岛东南面，发现一艘清代中国沉船，1991年由Michael Flecker负责打捞，出水48288件器物，计有景德镇青花瓷（包括"Kitchen Qing"）、德化白釉器和其他器物。遗物当中发现有康熙年号的钱币及其中一方墨上的"庚午"年号，推定此船沉没于1690年。此船相信是将货物由中国运往巴达维阿的中国货船，部分货件在巴达维阿汇集后再转运到荷兰，部分则供应东南亚市场。据打捞者Michael Flecker的报告，船上发现载有青花瓷、娘惹瓷器（Kitchen Qing）、德化窑白瓷等，而德化白瓷当中，除杯、小碟及匙羹外，还有抱子观音像[12]。香港艺术馆的"德化窑白釉观音像"（图2）正是沉船遗物之一，曾于1992年在荷兰阿姆斯特丹佳士德拍卖[13]。这尊观音像的造型非常简单直接，一主体观音手抱婴孩，坐在石山上。一些制作得精美细致的德化观音像会被奉为珍品运往欧洲，作为东方样式的圣母子像出售，如荷兰格罗宁根Groninger博物馆收藏的"观音像"[14]，又或是比利时Gruuthuse博物馆所藏的一尊在1792年于Zandvoorde河找到的德化白釉观音像[15]。而现时所见造型简单的观音像，可能是为供应东南亚民间市场而大量生产的货品。

三、外销货・中国风

　　早在元代，中国的瓷器作坊已为波斯、印度及其他市场制作特别订造器物，所以对于来样订造外来器具，中国瓷工绝不陌生。明代后期，荷兰商人已透过东印度公司向中国景德镇订制欧洲形制的瓷器。经历明、清交替的战乱之后，直至康熙朝（1662—1722），中西海上贸易于1680年代始恢复正常，外销瓷制作亦迅速复苏，欧洲商人会提供一些陶器、玻璃器皿、银器或木制模型以作样板，一般并附上绘有定制器具的画本图样，故瓷工能生产一些他们从未见过的异邦之物[16]。其中一种就是荷兰的郁金香花瓶，它是餐桌上用作插花的摆设瓶具，花卉如郁金香等会分插在窄小的承口上，因郁金香是昂贵的花卉，所以这种花瓶也是当时极其高级的奢侈品。荷兰 Groninger 博物馆便藏有一件订烧的郁金香花瓶[17]，造型和纹饰与是次展出的"外销青花多嘴瓶"（图3）极为相似，两者均为方塔身和塔形，每边有三个承口，器身上下分为两段，内部以木榫连接，以青花绘画承口的兽面、花卉纹，还有基座上的小天使和手持鲜花的小孩；器物的形制和纹样与荷兰德尔夫特瓷如出一辙。有趣的是在 Groninger 博物馆的花瓶瓶底还有中国瓷工仿写的"AK"款，这是代表1686年至1701年之间 De Griekshe A 瓷厂东主 Adriaen Kocks 的名字缩写。透过对比 Groninger 博物馆的花瓶，可以推断本馆所藏的青花多嘴花瓶，亦是相同年代的产物。

随着17世纪茶叶及饮茶风气传到欧洲，中国陶瓷器亦风靡欧洲上层社会，形成一股"中国风"。由于当时瓷器全依赖进口，因而造成中国瓷器价格高昂。受到中国瓷器的冲击，欧洲

图3 外销青花多嘴瓶

图4 仿宜兴贴塑梅花纹狮钮壶

图5 仿宜兴加彩提梁壶

的陶瓷业亦发生了重大变化。欧洲的瓷厂积极研烧贴近中国陶瓷器的产品，为了满足市场需求，它们亦会摹制中国样式的器皿。早在16世纪，意大利陶工就制作出费恩斯瓷，踏入17世纪，荷兰德尔夫特地区的陶厂在费恩斯瓷的基础上再发展出以蓝彩为主的德尔夫特瓷。在18世纪，德国萨克森地区的德累斯顿在奥古斯塔斯大帝（Augustus the Strong）的推动下，亦积极研发瓷器，他聘用的炼金术士波格（Johann Friedrich Böttger），于1709年宣布发明了"优质的白色瓷器"和"红色瓷器"；稍后，他更生产"红色瓷器"出售，即所谓的"波格炻器"[18]。而这种"红色瓷器"正是仿自宜兴紫砂。

宜兴紫砂茶壶、茶具，因着饮茶风气而传到欧洲，但相对于大量输往欧洲的瓷器，宜兴紫砂器往往是由船长或船员私自带运，故正式的货物列表中多无记录。著名的荷兰沉船热德马森号（Geldermalsen）上打捞出少量宜兴茶壶，与同船载运的20万件瓷器相比，数量微不足道，这正好说明上述情况。不过，宜兴紫砂对欧洲陶瓷业的影响却不容忽视。

回溯1670年代，荷兰德尔夫特陶匠兰伯特·克利菲斯（Lambert Cleffius）已成功仿制出类近宜兴紫砂的"朱泥硬陶茶壶"，而另一陶人米尔登亦生产同类器具，并以"奔跑狐狸"的徽号为注册商标[19]。是次展览中有两件米尔登（Ary de Milde）的产品"仿宜兴贴塑梅花纹狮钮壶"（图4）和"仿宜兴加彩提梁壶"（图5），反映了欧洲陶厂仿制中国器皿的主流样式，前者较忠于原来素身无釉的宜兴紫砂特色，狮子钮的造型和梅花贴塑的装饰，都贴近宜兴生产外销器款式；后者加彩花纹和提梁壶嘴、颈沿和圈足镶嵌金属的做法，则是融合欧洲金属容器的造型特色。

图6 描金珐琅彩玫瑰纹壶

17世纪末期，饮茶风尚在欧洲日见流行，中国陶瓷器皿需求甚殷，除了进口增加，还促成了欧洲陶瓷业。荷兰的德尔夫特瓷、德国的迈斯森瓷之外，法国亦加入开发瓷器的竞赛。法国里昂、圣克卢地区生产的软瓷，亦受到中国青花和德尔夫特瓷的影响，白地蓝花成为典型样式，后更模仿中国的"五彩"和"粉彩"。法皇路易十五于1756年购入樊尚的工场，并将之迁入塞夫勒（Sèvres），成为烧制皇室器具的窑厂，产品是带有当时流行的洛可可风格的彩瓷[20]。展品"描金珐琅彩玫瑰纹壶"（图6）修长的椭圆形壶身、耳朵形手柄、优雅曲线的壶流和小圆拱形壶盖配上小巧的花形壶纽，都是典型的塞夫勒茶壶样式。白瓷壶身上描有金线和月桂纹，粉蓝细点地纹上绘玫瑰图案，充分反映当时法国宫廷的时尚，大大偏离中国风格，标志着欧洲制瓷风格和技术的成熟，而模仿中国风的潮流亦渐衰退。

四、结语

1969年日本学者三上次男基于他在中东和埃及富斯特古城考察出土古陶瓷碎片的成果，发表《陶瓷之路：东西文明接触点的探索》一书[21]，说明古代海上贸易对中国陶瓷传播的情况及其影响，拓阔了学术界对中国陶瓷史研究的历史和地理视野，而古代沉船的陆续发现，为这研究提供丰富的实物证据，开拓更多研究范畴。三上氏亦提到非洲（埃及地区）的情况，过往学者较少涉及；而另一个陌生的课题，就是美洲方面的情况。也许，将来会引起更多学者的兴趣，开发新领域，进一步扩大"海上瓷路"的研究版图。

注 释

［1］林屋晴三：《唐物建盏·天目茶碗について——画期的な展覧会に当たって》，见《唐物天目——福建省建窑出土天目と日本伝世の天目》，福建省博物馆，茶道资料馆，1994，页106。

［2］西田宏子：《天目——日本伝世の黑釉陶磁の世界》，见大阪市立东洋陶磁美术馆、朝日新闻社文化企画局大阪企画部编：《宋磁展图录》，朝日新闻社，1999，页168。

［3］曾凡：《关于建窑的研究》，见《唐物天目——福建省建窑出土天目と日本伝世の天目》，福建省博物馆、茶道资料馆，1994，页256—257，261。

［4］栗建安：《福建的建窑系黑釉茶碗》，见《唐物天目——福建省建窑出土天目と日本伝世の天目》，福建省博物馆、茶道资料馆，1994，页273。

［5］郑良谟：《新安海底遗物の建盏天目》，见《韩国新安海底遗物——建盏と黑釉碗》，京都：茶道资料馆，1994，页3。

［6］同上，页7，图2、3。

［7］黄慧怡：《九世纪印度尼西亚勿里洞沉船所见广东陶瓷刍释》，见《海上瓷路国际学术研讨会论文集》。广州：岭南美术出版社，2013，页113—116。

［8］栗建安：《"南海I号"沉船的福建陶瓷及其相关问题》，见《海上瓷路国际学术研讨会论文集》。广州：岭南美术出版社，2013，页15—29。

［9］张万星：《从"南海I号"出水文物探析"海上丝绸之路"外销船货的构成》，见《海上瓷路国际学术研讨会论文集》。广州：岭南美术出版社，2013，页36—37。

［10］金国平：《澳门开埠前后葡萄牙人的瓷器贸易》，见《海上瓷路国际学术研讨会论文集》。广州、岭南美术出版社，2013，页258—261。

［11］C. J. A. Jörg, The Porcelain Trade of the Dutch East India Company，（乔克：《荷兰东印度公司的陶瓷贸易》），见《东方陶艺与荷兰德尔夫特陶瓷》香港：香港市政局，1984，页32。

［12］Michael Flecker, "Excavation of an oriental vessel of c. 1690 off Con Dao, Vietnam". The International Journal of Nautical Archaeology（1992），Vol. 21（3），p.231—233.

［13］The Vung Tau Cargo, Chinese Export Porcelain. Christie's Amsterdam（Auction catalogue），7 and 8, April 1992, p.10.

［14］《东方瓷艺与荷兰德尔夫特陶瓷》图51，页96。

［15］Jan Parmentier, Tea Time in Flanders: The Maritime Trade between the Southern Netherlands and China in the 18th Century. Ghent: Ludion Press, 1996, p.88.

［16］香港艺术馆编：《中国外销瓷：布鲁塞尔皇家艺术历史博物馆藏品展》，香港市政局，1989，页46。

［17］《东方陶瓷与荷兰德尔夫特瓷》，图33，页76。

［18］乐赛纳：《宜兴陶艺西渐》，见《宜兴陶艺：茶具文物馆罗桂祥珍藏》，香港市政局，1990，页111。

［19］乔克：《荷兰东印度公司的陶瓷贸易》，见《东方瓷艺与荷兰德夫特陶瓷》，香港：香港艺术馆，1984，页36。

［20］李颖庄：《清代中国外销瓷对西方的影响》，见《海上瓷路——粤港澳文物大展》，广州：岭南美术出版社，2012，页238—239。

［21］（日）三上次男著；胡德芬译：《陶瓷之路：东西文明接触点的探索》，天津：天津人民出版社，1983年。

南海瓷路探源

谈"海上瓷路——粤港澳文物大展"

澳门博物馆馆长　陈迎宪

在中华民族的发展进程中，至少有两项产品是对世界影响至关重要的，这便是丝绸和瓷器。中国的丝绸，自西汉始，通过河西走廊传到中亚、南亚和西亚，再传到欧洲，这便是被学者命名为"丝绸之路"的贸易通道。

长期以来，"丝绸之路"被认定为西汉时期，由长安出发前往亚洲西部的陆路通道。而对同是西汉时期、同样由汉武帝所开拓、由广东出发并在历朝历代仍然延绵不绝的南海海路通道有所忽略。

汉武帝：陆上和海上"丝绸之路"的开拓者

"丝绸之路"的陆路通道，以汉武帝在西汉建元中[1]（前139—前136）派遣张骞出使西域作为标志。然而，这条陆路通道，直到十数年后的公元前122至前117年之"元狩之际，张骞始通西域"[2]。汉武帝在随后的元鼎年间（前115—前111）南下平定南越和闽越两国后，在公元前110年，立即开展了南海海路的开拓。首先是"自合浦徐闻南入海，得大州，东西南北方千里，武帝元封元年略以为儋耳、珠厓郡"[3]，这里所指的大州，即海南岛。

《资治通鉴》载，西汉平帝二年（2）："春，黄支国献犀牛。黄支在南海中，去京师三万里。王莽欲耀威德，故厚遗其王，令遣使贡献。"[4] 黄支国为今印度，说明西汉时期，印度和中国之间已经有自海路方面的交往。《汉书》中更说明了具体的航线："自日南障塞、徐闻、合浦船行可五月，有都元国；又船行可四月，有邑卢没国；又船行可二十余日，有谌离国；步行可十余日，有夫甘都卢国。自夫甘都卢国船行可二月余，有黄支国，民俗略与珠崖相类。其州广大，户口多，多异物，自武帝以来皆献见。"这段话的最后一句，说明了黄支国和西汉之间的南海海上通道，是始自汉武帝时期，并形成了经常性、互有往来的贸易关系。《汉书》记："有译长，属黄门，与应募者俱入海，市明珠、璧流离、奇石异物，赍黄金杂缯而往。所至国皆禀食为耦，蛮夷贾船，转送致之。"《资治通鉴》载："自黄支船行可八月，到皮宗；船行可二月，到日南、象林界云。黄支之南，有已程不国，汉之译使自此还矣。"说明了西汉所派遣的黄门使者，已循南海海路经东南亚各国，出访印度洋的黄支国（印度）和已程不国（斯里兰卡）。说明汉武帝不但开通了"丝绸之路"的陆上通道，同时也开拓了南海的海上通道。丝绸通过陆上和海上两个通道通往世界各地，对人类文明作出重大的贡献。

瓷器对人类文明的意义

考古资料显示，中国的陶器生产有万年的历史，早在商代（前16—前11世纪），中国便能生产出原始瓷器，在东汉时期（23—220）又有了突破性的进展，生产出成熟的青瓷。硬质瓷器的诞生，更标志了中国瓷器以一个全新的面貌出现在世人眼前。如果自中国商代创烧出原始瓷来计算，中国瓷器以遥遥领先的姿态一直持续至少三千多年。从这一点来讲，瓷器可称得上是中国领先和影响世界时间最长的产品之一。

丝绸和瓷器这两项产品孰先孰后开始外销，我们还难以作出定论。大多数人普遍认为丝绸是在汉代、瓷器是在唐宋才对世界产生影响。而事实上是：在丝绸影响世界的汉代，中国的陶瓷便已以其独特的魅力，远销世界各地。

在雅加达的印度尼西亚国家博物馆内，便有着丰富的中国外销陶瓷馆藏。其中最早的藏品便自汉代始。藏品中有一件施釉博山陶熏炉[5]，与本次展览的东汉陶熏炉有异曲同工之妙。熏炉的功能是熏蒸香料和药材，香味可从熏炉的孔洞中溢出，达到净室和驱除蚊蝇的作用。印度尼西亚是著名的香料之国，这件藏品来自苏门答腊的占碑（Jambi），说明早在汉代，中国的陶瓷已对这个万里之遥的国度产生深远的影响。同时，该馆其他藏品还来自相距数千公里外的不同岛屿，也说明了海上的民间贸易和交流远比我们所看到的官方古代文献记录来得更多、更广。可以说，丝绸和陶瓷器至少在汉代已经开始外销。只不过是当时的瓷器没有如唐、宋时期产品成熟和种类繁盛，但已经是领先世界和具有独特风格的产品，而受到各国人民的普遍喜爱。

南海：海上瓷路的主要通道

翻开中国的版图，东、南两方均濒临大海，东方的近邻只有朝鲜、日本、琉球等数国，而在中国的南方，通过南海通道，除了联系东南亚诸国之外，更可经马六甲海峡通向南亚、西亚和欧洲数百个国家。因此，大量的商贸需求来自南海，自是不争的事实。粤港澳三地位于南海之滨，自然占据了地理上的优势，因此不难理解为何在不同的历史时期，粤港澳可以交替互补，成为海上商贸和海上瓷路的始发港之一。

汉代之后，三国时期的吴国，到两晋、南北朝的南朝，以及隋朝等，均对南海贸易有所建树。《唐六典》称："汉魏以降，缘边郡国皆有互市，与夷狄交易，致其物产也。并郡县主之，而不别置官吏。"[6]

东晋隆安年间（397—401），也有由地方官员（广州刺史）兼管互市的记载，《晋书》载："广州包带山海，珍异所出，一箧之宝，可资数世，然多瘴疫，人情惮焉。唯贫窭不能自立者，求补长史，故前后刺史皆多黩货。"朝廷欲革岭南之弊，特别委派吴隐之担任刺史，吴隐之不负所托，东晋安帝喻之为："孝友过人，禄均九族，菲己洁素，俭愈鱼飧。夫处可欲之地，而能不改其操，飨惟错之富，而家人不易其服，革奢务啬，南域改观，朕有嘉焉。"[7]

在南北朝的南朝梁武帝时期（522），"外国舶物"等事务，由南海太守管理，"州郡就市，回而即卖，其利数倍，历政以为常"[8]，说明海外贸易获利之深，并已持续相当时间。

到隋朝炀帝时期（605—618），已有专职外夷事务的机构"四方馆"之设，下设掌管互市贸易的互市监及监副："初炀帝置四方馆于建国门外，以待四方使者，后罢之，有事则置，名隶鸿胪寺，量事繁简，临时损益。东方曰东夷使者，南方曰南蛮使者，西方曰西戎使者，北方曰北狄使者，各一人，掌其方国及互市事。每使者署，典护录事、叙职、叙仪、监府、监置、互市监及副、参军各一人。录事主纲纪。叙职掌其贵贱立功合叙者。叙仪掌小大次序。监府掌其贡献财货。监置掌安置其驼马船车，并纠察非违。互市监及副，掌互市。参军事出入交易。"[9]，这一体制并延续到唐代。炀帝还在上任后不久的大业三年（607），"募能通绝域者"，派遣常骏、王君政等出使位于马来半岛的赤土国[10]。

根据外国学者的研究，早在430—610年的南北朝至隋朝，中国人便已经过南海通道直接往来于广州到马来半岛、苏门答腊和西爪哇一带从事贸易[11]。

唐代，是海上瓷路大发展的时期，特别在"安史之乱"后，陆上丝路被战乱所阻隔，往西方的通道便为逐渐兴旺和相对安全的海上通道所替代。更由于瓷器由水路运输，较陆路具有更为便捷安全，运输量可以更大，成本更低的优势。同时，自南朝始至隋朝，南方瓷业逐渐兴旺发展，也为唐代海上瓷路的发展奠定了产地和海外贸易在地理上的有利条件。

唐代的对外通道，根据贞元年间担任宰相的贾耽考订共有七条，其中海路两条，分别是"登州海行入高丽渤海道"和"广州通海夷道"[12]。"登州海行入高丽渤海道"由山东登州（今烟台）出发，沿渤海湾到达新罗、高丽、渤海（今朝鲜、韩国）三国。而"广州通海夷道"由广州出发，经南海到达东南亚诸国，再经马六甲海峡，到南亚以至西亚阿拉伯诸国。其中，广州通海夷道中所提到的共有六十三个国名和地名。从"广州通海夷道"航道的直线走向我们可以看到，已经无须再沿海岸线行走，因而节省许多航行时间。说明当时的航海和航路的测定技术已有很大提高，中国人已掌握了观察夜间天文星象、利用指南针和信风的帮助在南海中航行的技术。

除了中国商人的南下远航之外，也有大量来自东南亚、南亚和西亚的商人来华，清人梁廷枏在《粤海关志》内述：广州"唐始置市舶使，以岭南帅臣监领之"[13]。而根据《新唐书》的记载，自唐太宗贞观六年（632），便设有隶属少府的"互市监"以掌蕃国交易之事："互市监。每监：监一人，从六品下；丞一人，正八品下。掌蕃国交易之事。隋以监隶四方馆。唐隶少府。贞观六年，改交市监曰互市监，副监曰丞，武后垂拱元年曰通市监。有录事一人，府二人，史四人，价人四人，掌固八人。"[14] 在唐之前，对外贸易以官方的朝贡贸易为主。而到了唐代，民间的贸易有了较大的发展，朝廷允许商人在朝贡贸易之后，将剩余的货物卖给民间商贾，这些政策为唐代海上瓷路的发展和兴旺奠定了基础。当时的广州设有"蕃坊"，供大量来华商人居停，也说明了当时政府鼓励对外贸易的政策，而这种海外贸易也使中国瓷器对世界各国产生重要的影响。

宋代是中国瓷器外销的又一次高潮，宋代的瓷器无论在品种和技术上都有了长足的发展，我们可以通过"南海I号"所装载的外销瓷看到中国的青瓷和白瓷刻花等品种，在当时，只有中国才能生产出这种晶莹似玉、洁白如雪的瓷器，以至于各国商人都对这种产品趋之若鹜。到了南宋时期，都城由北宋的开封，迁往东南方的临安，即现在的杭州。在西、北两方的强敌进逼之下和政治中心的南移，使南宋面临只有东部和南部的海路可以对外通商。由此进一步促进了海上贸易的兴旺发展，宋代设立了专职掌管对外贸易的机构"市舶司"，在北宋和南宋时期，最多时曾各设置了七个"市舶司"，其中只有宁波、泉州和广州实际发挥重要作用，而三个口岸中，贸易总量最大的乃是广州港[15]。

从唐、宋时期始，广州就凭着南海地理的优势，成为位列中国的第一大港，也是当时世界上最繁盛的东方商港之一，南海海上瓷路最主要的始发港。虽然到南宋末年和元朝，福建的泉州曾一度超越广州港，成为中国的第一大港，但是广州港仍凭借地理的优势，保持了其重要港口的地位。

元代的海上瓷路也非常兴旺，汪大渊在《岛夷志略》一书中对元代的海上瓷路有很详细的描述。汪大渊提及的元代海上航线，共有219个国家和地名，其中有陶瓷贸易的国家和地点就有四十九个[16]。

明代实施海禁，停止民间对外贸易，虽然明郑和七下西洋时，瓷器是必备的"人情物件"[17]，被作为国礼送往沿途各国，但郑和的海上瓷路并未对瓷器的外销和外贸有实质性的帮助。而海禁政策，对于自唐以来逐步兴旺的民间贸易则是一个重大的打击。此时，葡萄牙人作为欧洲地理大发现的先行者，循海路来到中国，并通过澳门，将大量的瓷器，运往欧洲。

其中一个具有代表性的例子是圣·凯特琳娜号事件。圣·凯特琳娜号是葡萄牙的商船，由澳门出发开往马六甲，于1603年2月在南海海面遭到三艘荷兰船只的劫持，被送往荷兰阿姆斯特丹，船上装载有大量的青花瓷器，由于该商船被误称为克拉克船，因此该批瓷器被称之为"克拉克瓷"而扬名欧洲[18]。这一名称后来成为一个专业术语，泛指早期被运往欧洲的明代青花瓷器。在澳门出土的大量明代中后期乃至清初的克拉克瓷片，见证了澳门在当时南海海上瓷路的主要始发港地位。

历史上澳门港的兴衰大致分为三个阶段：1）黄金时期（1535—1684）：1535年澳门在正式成为通商港口，1554年葡萄牙人入据澳门之后，正值明清政府实施海禁政策，澳门作为中国唯一的"化外之地"而成为中国主要的外贸港口和世界航运的枢纽港；2）衰落期（1685—1840）：清政府在1685年废除海禁，开放四海关，澳门海外贸易被广州和其他港口取代；3）萧条期（1841—1911）：清政府在鸦片战争后至清末，全国开放港口达到三十四个，澳门港的外贸地位已不再重要[19]。

鸦片战争后香港被割让给英国，成为自由港，同时中国被迫开放通商，广州的优势被削弱。经过18世纪工业革命的英国，海上航运也逐渐由铁船代替木船，船体越造越大，吃水越来越深，澳门水域亦因海床淤塞，逐渐为香港的深水港所替代，香港亦于19世纪末开始，逐渐成为面向南海的重要国际商港。

展览的启示

粤港澳三地文博机构合作，以海上瓷路——这个联系三地的历史作为展览的主题，目的在于通过展览向公众展示一段令国人引以为傲的历史。展览的信息涵量丰富，公众可从中了解到诸如：陶瓷制作、陶瓷发展史、中外海上交通史、海外贸易史、中国海关史、水下考古、外销瓷、外国仿制瓷等不同主题内容。

展览中充分利用了纪录片、窑炉模型、地图、实物，还设有立体的多媒体展示、儿童游戏等生动的展示方式来替代更多的说明文字，让参观的人们能在轻松的环境下感受和获取相关知识。是一个既适合学校学生、亲子儿童互动教育的场所，也适合专家学者、文物爱好者进行研究、学习的地方。

与此同时，这个展览也给观众带出一个令人深省的讯息：中国的瓷器能引领世界数千年，是无数代前辈先贤的集体智慧和努力不懈的创造成果。身为具有高度文明传统的我们，能为当下和未来的世界再作出什么样的贡献?这是让观众看过展览之后，留待大家深刻思考的课题。

注：　"海上瓷路——粤港澳文物大展"是粤港澳三地第二次文博合作大展，2012年5月至10月在澳
　　　门博物馆首展，2012年11月至2013年6月在广东省博物馆展出，2013年7月至2014年2月在
　　　香港艺术馆展出。

注　释

[１]　班固《汉书》卷六十一·张骞李广利传第三十一。
[２]　班固《汉书》卷七十·傅常郑甘陈段传第四十。
[３]　班固《汉书》卷二十八下·地理志第八下。
[４]　司马迁《资治通鉴》卷三十五·汉纪二十七。
[５]　Suwati Kartiwa, Treasures of the National Museum Jakarta, Buku Ant ara Bangsa, 1997, p.99.
[６]　李林甫《唐六典》卷二十二，1992年，中华书局，页580。
[７]　房玄龄、褚遂良《晋书》卷九十·列传第六十，良吏传，吴隐之。
[８]　李延寿《南史》卷五十九·列传第四十九，王僧孺。
[９]　魏征《隋书》卷二十八·志第二十三，百官下。
[10]　魏征《隋书》卷八十二·列传第四十七，南蛮。
[11]　O.W. Wolters, Kemaharajaan Maritim SRIWIJAYA & Perniagaan Dunia Abad III — Abad VII, Komunitas Bambu, 2011, p. 324.
[12]　欧阳修等《新唐书》卷四十三下·志第三十三下，地理七下。
[13]　梁廷枏《粤海关志》（30卷木刻本）1839年，粤东省城龙藏街业文堂，卷二，页6。
[14]　欧阳修等《新唐书》卷四十八·志第三十八，百官三。
[15]　朱彧《萍州可谈》卷二。
[16]　汪大渊《岛夷志略校释》苏继廎校释，中华书局，1981年一版，2000年二次印刷。
[17]　巩珍《西洋番国志》著，向达校，1959.2，《勅书》之三，中华书局，2006年，页10。
[18]　Robert Finlay, "The pilgrim art: cultures of porcelain in world history", University of California Press, 2010, p.253.
[19]　黄启臣《海上丝路与广东古港》，中国评论学术出版社，2006年，页84—103。

第一部分
东方瓷国

　　我国陶器的历史已有万年之久。在三千多年前的商周时期，就出现了原始瓷。在近两千年前的东汉时期，终于成功烧制出成熟的青釉瓷器。经过三国两晋南北朝的初步发展，到了唐宋时期，我国的制瓷业进入第一个发展高峰。元代景德镇窑异军突起，至明清时期更发展成为著名的"瓷都"。其他地区如江苏宜兴紫砂陶、福建德化窑白瓷、广东石湾陶、广州织金彩瓷等也取得了一定的成就。在这个时期，我国陶瓷业发展到了巅峰阶段。

陶熏炉

东汉（公元25—220年）

广东韶关出土

高14.5厘米，口径8厘米，底径8.2厘米

广东省博物馆藏

陶双耳壶

东汉（公元25—220年）

广东韶关出土

高25厘米，口径9.5厘米，底径10.1厘米

广东省博物馆藏

青釉碗

东晋（公元317—420年）

广东韶关出土

高3厘米，口径8厘米，底径4.3厘米

广东省博物馆藏

青釉碟

南朝（公元420—589年）

广东韶关出土

高1.5厘米，口径12.8厘米

广东省博物馆藏

青釉四耳罐

南朝（公元420—589年）

广东英德出土

高16.5厘米，口径10厘米，底径12.4厘米

广东省博物馆藏

青釉杯

南朝（公元420—589年）

广东英德出土

高4.2厘米，口径7.8厘米，底径3.4厘米

广东省博物馆藏

青釉碗

隋（公元581—618年）

广东英德出土

高6厘米，口径8.3厘米，底径3厘米

广东省博物馆藏

青釉六耳罐

隋（公元581—618年）

广东英德出土

高22.6厘米，口径10.5厘米，底径15厘米

广东省博物馆藏

越窑青釉碗

唐（公元618—907年）

高3.7厘米，口径14.3厘米，底径6.3厘米

广东省博物馆藏

龙泉窑青釉刻莲瓣纹洗

宋（公元960—1279年）

高5.6厘米，口径14.6厘米，腹径16.4厘米

广东省博物馆藏

景德镇窑青花花卉纹小罐

元（公元1271—1368年）

高6.5厘米，口径6.5厘米，底径6厘米

广东省博物馆藏

磁州窑孔雀绿釉人物纹梅瓶

明（公元1368—1644年）

高22厘米，口径4.3厘米，底径7.8厘米

广东省博物馆藏

景德镇窑青花山水纹贯耳瓶

清·康熙（公元1662—1722年）

高45.3厘米，口径8.5厘米，底径13.9厘米

广东省博物馆藏

1.陶与瓷的区别

陶：

陶的烧成温度一般在1000℃以下，制作原料除了普通黏土外，亦有瓷土、高岭土和特殊黏土。陶的吸水率较高，通常在0.5％以上。表面通常不施釉或施低温釉。因坯胎烧结度低，故击之声音不清脆。

瓷：

瓷器的烧成温度一般在1200℃以上，制作原料主要是瓷土或瓷石，表面通常施有高温釉，烧成后具有较高的机械强度，抗弯强度达到700千克/平方厘米以上。吸水率多在0.5％以下。由于坯胎已基本烧结，所以击之声如金石，薄胎者具有透光性。

2.瓷之用

陶瓷器因成本低、耐冷热等优点，成为我国古代人们喜爱的用品，从而促进了制瓷业的迅猛发展。相对而言，我国的古玻璃器以铅、钡或钾等成分为主，而且是低温烧成。这种玻璃与西方的钠钙玻璃相比，质松、易碎、不耐冷和热，因而不为大众所普遍接受。而金、银、玉等质材的器皿，又因其昂贵而无法普及。因此作为日用品，陶瓷器以其经济、耐用的优点而大受欢迎。

3.瓷之造：瓷器是如何制造出来的

(1) 采泥：

制作瓷器的原料主要有：

瓷土：指粉碎瓷石所得之土或人工配制成的制瓷原料，由高岭土、石英、长石等组成，主要成分是二氧化硅（SiO_2）和氧化铝（Al_2O_3）。

瓷石：由石英、长石、绢云母、高岭石等组成，完全风化后就是常见的瓷土。

高岭土：是一种以高岭石为主要成分的黏土，因发现于江西景德镇的高岭村而得名，国际上称为Kaolin。一般含二氧化硅（SiO_2）46.5％，氧化铝（Al_2O_3）39.54％。因高岭土可塑性差、熔点高，所以单纯用高岭土是不能制成瓷器的，须掺入其他原料。

长石：是以二氧化硅（SiO_2）和氧化铝（Al_2O_3）为主，并夹杂钠、钾、钙等金属的化合物。用含有较多长石的原料制成的瓷器，胎质坚硬，呈半透明状，并具有较好的化学稳定性。

(2) 练泥：

从矿区采取瓷石或瓷土，经水碓舂细，淘洗，除去杂质，沉淀后制成砖状的泥块。然后再用水调和泥块，去掉渣质，反复翻扑或敲打踏练，把泥团中的空气挤压出来，使泥中的水分均匀、组织细密，以改善胎泥的成型性能。

(3) 拉坯：

将练好的胎泥置于辘轳车的转盘中心，随手法的屈伸收放拉制出坯体的大致模样。

(4) 修坯：

对已干燥（或半干）的坯体，进行外形的修平、磨光、挖底、钻眼等精修工作。分干修和湿修两种。前者因干燥后的坯体含水分低，修坯时不易变形，但粉尘较大。后者坯体水分含量较高，修坯时粉尘较小，但掌握不好，坯体容易变形。

（5）晒坯：

将加工成型的坯体摆放在木架上晾干。

（6）装饰：

美化瓷器的重要工序。一般是在瓷坯入窑前对其进行纹饰加工，以增强器物的审美效果。常见的装饰技法有印花、刻花、划花、镂空、贴花、剔花、绘画等。工具多为印模（或范）、毛笔、刻刀、划针、剔刀等。除了釉上彩以外，其他装饰均在施釉前进行。而印花则是在坯体半干湿时进行。

（7）施釉：

亦称上釉、挂釉、罩釉等。指在陶瓷坯体表面施一层瓷土（或陶土）、助熔剂加水调和成的釉浆。这层釉浆经焙烧后即成为光亮、坚硬的釉层。古代施釉的方法有多种，早期通常为刷釉，汉以后多为蘸釉、荡釉、浇釉。明清景德镇窑部分瓷器施釉时采用喷釉、吹釉、轮釉等方法，使器物釉层厚薄均匀。

（8）烧窑：

是陶瓷制作的最后一道工序。分一次烧成和二次烧成（釉上彩瓷器）两类。将陶瓷坯件装入窑炉中焙烧，时间过程约一昼夜至三昼夜，温度在1100℃—1300℃左右。焙烧时，陶瓷器的胎、釉发生一系列的物理变化和化学反应，使产品获得所需要的强度、光泽、釉色和其他性能。

第二部分
海上通衢

　　粤港澳地处珠江入海口，面向南海，历朝历代均是通向东南亚、南亚、中东、非洲和欧洲的海上重要门户。西汉初年，广东南粤关市成为海上通市之始。公元前110年汉武帝遣使循海路到达东南亚和南亚诸国。唐代广州首设市舶使，负责对外贸易，直到宋元时期，广州一直是中国外贸和海上瓷路的主要始发港之一。明代初至中叶实施"海禁"，中止民间对外贸易。16世纪中叶（明嘉靖年间），葡萄牙人将澳门作为瓷器外销的主要转口港。明末清初，欧洲各国陆续来华寻求通商贸易。清康熙二十三年（1684）停止海禁，于次年开放广州、松江、宁波、厦门四口岸对外贸易并设置海关。乾隆二十二年（1757），仅保留广州一口通商，形成了南海瓷路的鼎盛时期。

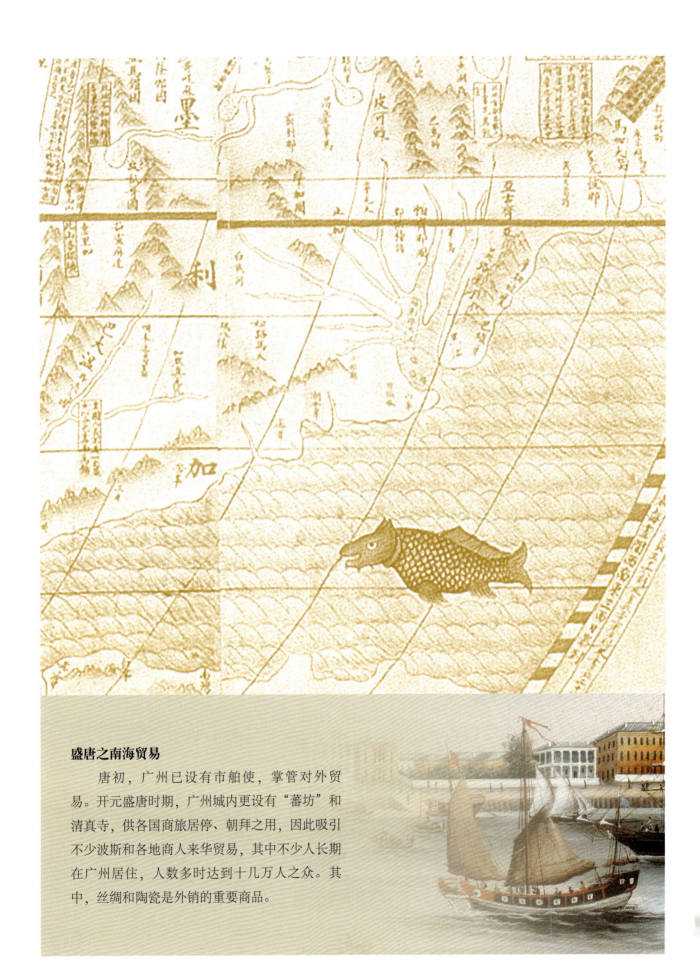

盛唐之南海贸易

唐初，广州已设有市舶使，掌管对外贸易。开元盛唐时期，广州城内更设有"蕃坊"和清真寺，供各国商旅居停、朝拜之用，因此吸引不少波斯和各地商人来华贸易，其中不少人长期在广州居住，人数多时达到十几万人之众。其中，丝绸和陶瓷是外销的重要商品。

越窑

越窑是我国烧瓷历史最早的瓷窑之一，窑址在浙江余姚、上虞、绍兴一带，烧瓷时间为汉至宋。唐、五代时越窑形成独特的风格，成为南方最著名的青瓷窑。越窑青瓷在唐代时器物以造型、釉色取胜，胎体多光素无纹，少量有划花、印花、刻花及褐色彩绘等装饰。自唐代开始，越窑瓷器不仅大量内销，而且外销数量可观。朝鲜、菲律宾、日本、印度尼西亚、巴基斯坦、伊拉克、埃及等国家的古遗址中，都出土过唐、宋时期的越窑瓷器。

越窑青釉划花盒

唐（公元618—907年）

高3.1厘米，口径9.9厘米，底径6厘米

广东省博物馆藏

唐三彩

唐三彩是唐代生产的彩色低温铅釉陶器,用白色黏土作胎,用含铜、铁、钴、锰等元素的矿物作釉料着色剂,并在釉里加入大量炼铅熔渣和铅灰作助熔剂,经过约800℃高温烧制而成。釉面呈现深绿、浅绿、翠绿、蓝、黄、白、赭、褐等多种颜色,但以黄、绿、白三彩为主。迄今为止发现烧造唐三彩的窑址有河南巩县、陕西铜川、河北内丘。唐代巩县窑生产的三彩器皿曾大量外销。

巩县窑三彩狩猎纹瓶

唐(公元618—907年)

高27.3厘米,腹径17.7厘米,底径12.2厘米

广东省博物馆藏

此瓶的造型具有当时西亚地区器物的风格,中外交流的频繁可见一斑。

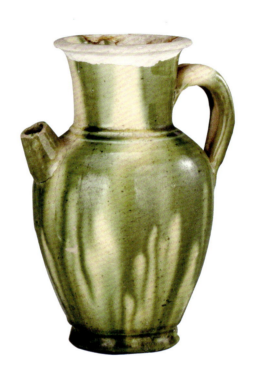

巩县窑三彩执壶

唐（公元618—907年）
高16.2厘米，口径7.2厘米，底径9.9厘米
广东省博物馆藏

水车窑

　　水车窑属唐代广东青瓷窑，窑址在梅县水车及南口等地。梅县唐代属潮州管辖，潮州在当时是一个繁荣的对外港口。梅县水车窑的产品不仅内销，而且远销到泰国、日本等亚洲国家。

梅县水车窑青釉碗

唐（公元618—907年）
高5.2厘米，口径20厘米，底径9.3厘米
广东省博物馆藏

　　碗敞口、深斜腹、玉璧底，釉色青翠，玻璃质感强。

长沙窑

  窑址在长沙铜官镇及书堂乡石渚瓦坪一带，又称铜官窑、瓦渣坪窑。烧瓷时间为唐、五代。烧瓷品种丰富，产品以青釉为主，兼烧少量褐釉、酱釉、白釉、绿釉器。青釉有光素器及釉下彩绘、印花、贴花装饰，尤以釉下彩绘盛行。

  唐代长沙窑瓷器大量销往日本、菲律宾、泰国、韩国、伊朗、伊拉克等国。

长沙窑青釉贴花壶

唐（公元618—907年）

高18.6厘米，口径9.5厘米，底径12.5厘米

广东省博物馆藏

长沙窑花鸟纹瓜棱形执壶

唐（公元618—907年）

高23厘米，口径10.6厘米，底径12.3厘米

广东省博物馆藏

　　壶的腹部用含有氧化铜和氧化铁的矿物颜料，描绘出花鸟纹，笔触潇洒流畅。这类彩绘瓷器是长沙窑独具特色的器物之一。

邢窑白釉碗

唐（公元618—907年）

高2.8厘米，口径9.2厘米，底径3.6厘米

广东省博物馆藏

　　碗通体施白釉至足，外壁施白釉不均处，似流淌的泪痕。此物是唐代河北邢窑典型的白瓷产品。邢窑是唐代重要瓷窑，所产白瓷被誉为"类银"、"类雪"，不仅广销国内，还远销至埃及、西亚等地。

宋代广州市舶、南海要冲

　　北宋太祖初年，广州复置市舶司。之后，再开放明州（今宁波）、杭州、泉州等七口岸。北宋制定外商的各种优惠政策，并开放部分商品让民间自由贸易。南宋时期，市舶税收成为国民收入的重要部分，促成对外贸易的繁盛时期。宋瓷在烧制技术上的进步，成为外销东南亚和阿拉伯地区的热门商品。而广州地理上的优越，令贸易额长期称冠。

龙泉窑青黄釉单把杯

宋（公元960—1279年）
高3.7厘米，口径7厘米，底径3.4厘米
广东省博物馆藏

龙泉窑

　　龙泉窑产品不仅内销，自元代开始还大量销往海外。朝鲜、日本、菲律宾、马来西亚、巴基斯坦、印度、埃及等国都出土有龙泉窑瓷器。受其影响，浙江、福建、广东、江西一批瓷窑先后仿烧龙泉窑产品，形成了一个庞大的龙泉窑系。泰国、韩国、日本都曾仿烧龙泉窑产品。

龙泉窑青釉菊瓣纹碗

宋（公元960—1279年）

高5.2厘米，口径10.6厘米

广东省博物馆藏

　　碗敞口、深弧腹、小圈足，外壁刻莲瓣纹，釉色青翠。这是龙泉窑的典型产品之一。

大窑枫洞岩窑址发掘全貌

壶底，两侧遍布窑址

大窑枫洞岩窑炉后壁

明代窑炉

磁州窑

　　窑址位于河北邯郸市磁县，产品多充满民间生活气息，以白地黑花装饰最具特色，兼烧白釉红绿彩、绿釉黑彩、珍珠地划花、三彩等品种。宋元时期磁州窑瓷器大量销往西亚、东非等地。

磁州窑白釉刻花碗

宋（公元960—1279年）
高8厘米，口径20.8厘米，底径7.2厘米
广东省博物馆藏

　　碗内壁在褐色化妆土上刻划花卉纹，纹饰周围辅以篦划纹作地，再施透明釉烧成，形成褐、白两色的装饰效果。

耀州窑

　　以宋代的青釉刻花器最为著名。其刻花工艺独特：先在胎体上勾刻出纹样的主轮廓，再用斜刀削除花纹主轮廓外的背景，然后用一种篦形工具，在突起的刻花主轮廓内精心勾划出叶脉和花瓣纹理的细部，使纹饰在润玉般晶莹的碧绿色釉下显现出深浅不同的色调层次，具有浅浮雕的效果，含蓄、典雅而诗境无限。宋代耀州窑产品外销到亚、非各国。

耀州窑青釉刻花盏

宋（公元960—1279年）

高3.5厘米，口径17.4厘米，底径4.8厘米

广东省博物馆藏

　　盏敞口、浅斜腹、小浅圈足，内壁刻花卉纹。

吉州窑

　　吉州窑位处今江西省吉安永和镇，吉安在隋、唐、宋均称为吉州，因而得名。吉州窑是宋代南方的一个重要瓷窑。吉州窑烧制器物种类丰富，有青白瓷、黑釉瓷、彩绘瓷等，其中黑釉瓷最具特色，其装饰手法包括木叶、剪纸、剔花、玳瑁斑、兔毫斑等，将黑釉瓷的技术发挥得淋漓尽致。

吉州窑黑釉贴叶纹碗

南宋（公元1127—1279）

高5厘米，口径10.8厘米

香港艺术馆藏

郭修圃伉俪捐赠

　　黑釉贴木叶纹碗是江西吉州窑独创的典型器物。陶匠将经过腐蚀处理的天然树叶贴在素器上，施釉焙烧后，树叶的形状及脉络便清晰地留存在器壁上。

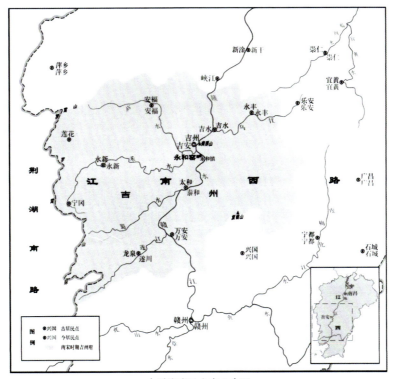

吉州窑窑址分布示意图

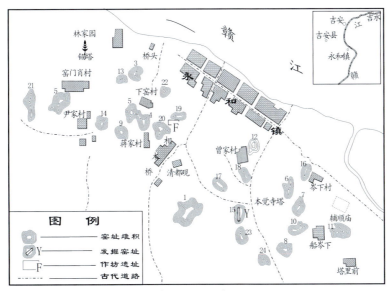

吉州窑窑址示意图

1.窑岭　2.茅庵岭　3.牛牯岭　4.后背岭　5.窑门岭　6.宫家塘岭　7.尾后岭
8.猪婆石岭　9.蒋家岭　10.七眼塘岭　11.松树岭　12.曹门岭　13.乱葬戈岭
14.尹家山岭　15.本觉寺岭　16.上蒋岭　17.讲经台岭　18.曾家岭　19.斜家岭
20.枫树岭　21.柘树岭　22.肖家岭　23.天脚岭　24.下瓦窑岭

剪纸贴花盏

是吉州窑最具代表性的产品。这种工艺是先在坯体施一层含铁量高的釉，贴上各种剪纸图案后，再施一层含铁量低的釉，揭去剪纸，入窑经高温烧成，即形成色彩斑斓的浅褐色窑变釉地上，突显酱黑色剪纸纹样的效果。这类盏与兔毫、油滴、曜变等品种，深受日本与韩国茶道的重视。

吉州窑剪纸贴花盏

宋（公元960—1279年）
高5.1厘米，口径11.5厘米，底径4.5厘米
广东省博物馆藏

建阳窑黑釉兔毫纹碗

北宋（公元960—1127年）
高7厘米，口径12.2厘米
香港艺术馆藏
郭修圃伉俪捐赠

兔毫盏

　　是福建建阳窑最具代表性的产品。兔毫的形成机理是，在高温烧制的过程中，釉层中产生的气泡将其中的铁质带到釉面，釉层流动时铁质的部分流成条纹状，出窑冷却后这些铁质析出赤铁矿和磁铁矿的结晶体，形成无数细小的闪耀银光的条纹。这类茶盏在国内外都很受欢迎，因此江西、四川、山西、河北、浙江等地瓷窑也有仿烧。

建阳窑黑釉兔毫盏

宋（公元960—1279年）

高5.6厘米，口径12厘米，底径3.8厘米

广东省博物馆藏

潮州窑青白釉莲瓣炉

北宋（960—1127年）
高9厘米，口径11.2厘米，底径7厘米
广东省博物馆藏

潮州窑青白釉瓜棱形执壶

北宋（公元960—1127年）

广东潮阳出土

高18.5厘米，口径6.1厘米，底径7厘米

广东省博物馆藏

　　该执壶敞口、长颈、瓜形长腹，曲柄，细长流，具宋代典型风格。潮州窑唐、宋、元窑址有多处，其中以北宋笔架山窑址规模最大，堆积最丰富，当地村民称为"百窑村"，是宋代广东重要的外销瓷窑之一。

潮州窑圆筒形匣钵

北宋（公元960—1127年）

广东潮阳出土

高18厘米，口径10厘米，底径12厘米

广东省博物馆藏

西村窑

  是北宋时期广州的重要外销瓷窑，其产品主要有青釉、青白釉、酱褐釉等。善于仿烧全国各著名窑口的产品以供出口外销，如仿景德镇窑的青白瓷、青白釉褐釉点彩瓷和耀州窑的青釉刻花瓷等。在东南亚、西亚各地多有西村窑的瓷片出土。

广州西村窑褐釉三耳壶

北宋（公元960—1127年）

广州出土

高10.8厘米，口径5.4厘米

广东省博物馆藏

广州西村窑青釉水盂

北宋（公元960—1127年）

广州出土

高7.5厘米，口径4.3厘米，底径5.9厘米

广东省博物馆藏

广州西村窑青釉碗残件

北宋（公元960—1127年）

广州出土

通高22厘米，口径21厘米

广东省博物馆藏

广州西村窑匣钵

北宋（公元960—1127年）

广州出土

高6厘米，口径15.5厘米，底径6.5厘米

广东省博物馆藏

广州西村窑垫圈

北宋（公元960—1127年）

广州出土

高2厘米，口径4.5厘米

广东省博物馆藏

南海 I 号

　　"南海 I 号"是一艘南宋时期的木质沉船,沉没于广东阳江市东平港以南约 20 海里处,是目前发现最大的宋代船只。在 1987 年被发现并命名为"南海 I 号"。

　　专家从船头位置推测,当时这艘古船从中国驶出,赴东南亚或中东地区进行海外贸易。目前,已出水以瓷器为主的各类文物 4000 余件,包括福建德化窑和磁灶窑、景德镇窑系、龙泉窑系及磁州窑系的瓷器。根据探测情况估计,整船文物超过 8 万件。

　　"南海 I 号"在 2007 年开始整体打捞。目前,该沉船已从海底成功平移到建于阳江海陵岛上的广东海上丝绸之路博物馆的"水晶宫"内。这是一个巨型的大玻璃缸,水质、温度及环境都需与"南海 I 号"沉船所在的海底相同。目前文物发掘工作仍在进行中。

龙泉窑青釉刻花碗

南宋（公元1127—1279年）

南海Ⅰ号出水

高8厘米，口径18.8厘米，底径7.1厘米

广东省博物馆藏

德化窑白釉八角形粉盒

南宋（公元1127—1279年）

南海 I 号出水

高5.5厘米，口径9厘米

广东省博物馆藏

德化窑白釉葫芦瓶

南宋（公元1127—1279年）

南海 I 号出水

高9.5厘米，口径3.9厘米

广东省博物馆藏

德化窑白釉瓶

南宋（公元1127－1279年）

南海Ⅰ号出水

高9.3厘米，口径5.2厘米，底径5.3厘米

广东省博物馆藏

德化窑白釉瓶

南宋（公元1127－1279年）

南海Ⅰ号出水

高6.4厘米，口径3.3厘米，底径3.3厘米

广东省博物馆藏

景德镇窑青白釉瓣口碗

南宋（1127—1279年）

南海 1 号出水

高3.8厘米，口径12.5厘米，底径3.8厘米

广东省博物馆藏

磁灶窑绿釉长颈瓶

南宋（公元1127—1279年）

南海 I 号出水

高8厘米，口径2厘米，底径2.5厘米

广东省博物馆藏

磁灶窑绿釉菊瓣口小碟

南宋（公元1127—1279年）

南海 I 号出水

高1.6厘米，口径10.7厘米

广东省博物馆藏

青白釉瓣口浅腹碗

南宋（公元1127—1279年）

南海 I 号出水

高4.8厘米，口径17.2厘米，底径6厘米

广东省博物馆藏

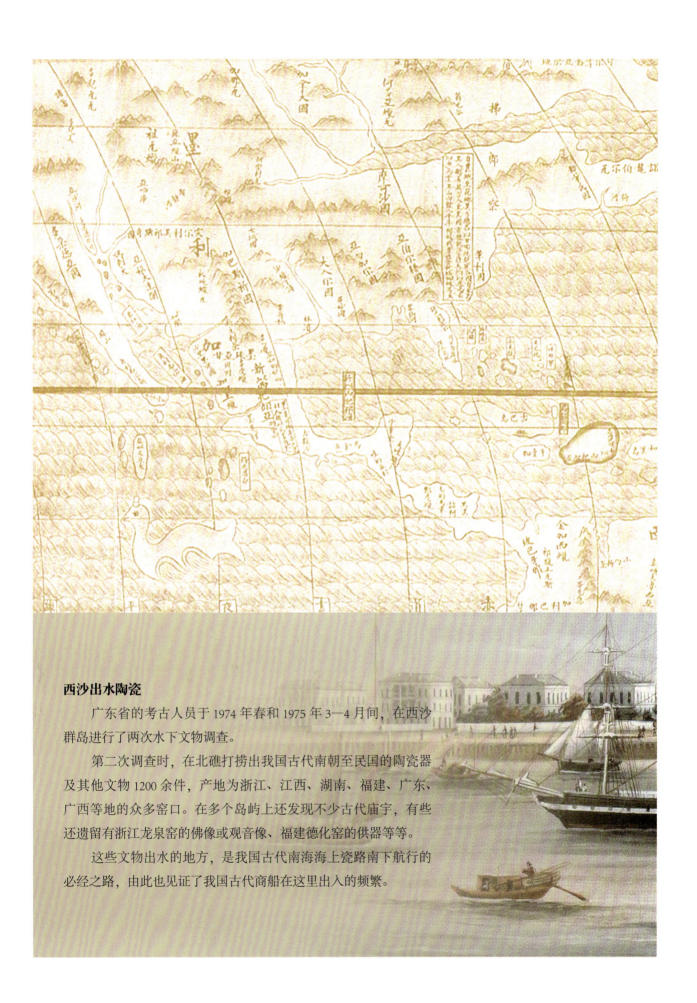

西沙出水陶瓷

　　广东省的考古人员于 1974 年春和 1975 年 3—4 月间，在西沙群岛进行了两次水下文物调查。

　　第二次调查时，在北礁打捞出我国古代南朝至民国的陶瓷器及其他文物 1200 余件，产地为浙江、江西、湖南、福建、广东、广西等地的众多窑口。在多个岛屿上还发现不少古代庙宇，有些还遗留有浙江龙泉窑的佛像或观音像、福建德化窑的供器等等。

　　这些文物出水的地方，是我国古代南海海上瓷路南下航行的必经之路，由此也见证了我国古代商船在这里出入的频繁。

龙泉窑青釉双鱼洗

宋（公元960—1279年）

西沙出水

高4.8厘米，口径12.8厘米，底径5.7厘米

广东省博物馆藏

龙泉窑青釉双耳印花罐

元（公元1271—1368年）

西沙出水

高7.4厘米，口径3.6厘米，底径3.9厘米

广东省博物馆藏

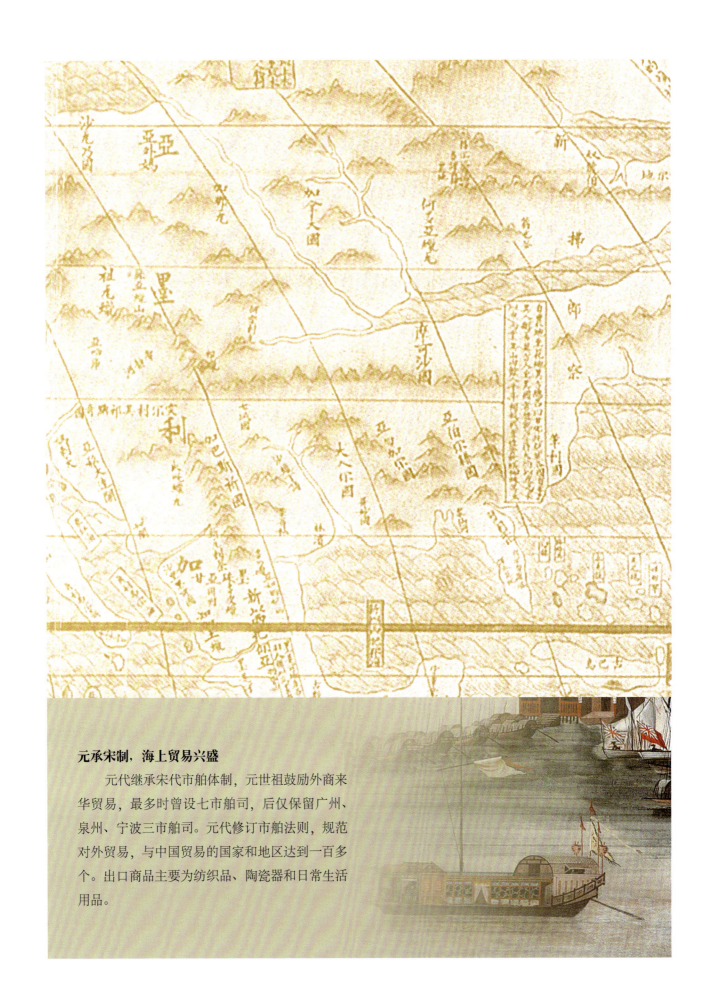

元承宋制，海上贸易兴盛

　　元代继承宋代市舶体制，元世祖鼓励外商来华贸易，最多时曾设七市舶司，后仅保留广州、泉州、宁波三市舶司。元代修订市舶法则，规范对外贸易，与中国贸易的国家和地区达到一百多个。出口商品主要为纺织品、陶瓷器和日常生活用品。

军持

梵语"Kundikā"的音译，这种器形大约在隋唐时传入我国，至清代长久不衰，南北方窑均有生产，时代特征明显。佛教、伊斯兰教均有使用，作为净手及储水瓶。千手观音四十手中的军持手便执有此瓶。

军持乃供外销的器物，在东南亚特别流行。此外亦有销往欧洲，西方人视做珍玩。

影青划弧纹军持

宋（公元11—12世纪）
高15.7厘米，腹径14厘米
香港艺术馆藏
罗桂祥博士捐赠

绿釉褐斑军持

南宋或元（公元13—14世纪）

高16.2厘米，宽12厘米

香港艺术馆藏

青白釉军持

南宋或元（公元13—14世纪）
高12.5厘米，宽14.5厘米
香港艺术馆藏
罗桂祥博士捐赠

龙泉窑青釉暗花葵口盘

元（公元1271—1368年）

广东珠海出土

高3.5厘米，口径15.8厘米，底径6厘米

广东省博物馆藏

景德镇窑影青珠饰双耳小罐

元（公元1271—1368年）

高8厘米，腹径8.3厘米

香港艺术馆藏

景德镇窑青花花卉纹果形小罐

元（公元1271—1368年）
高5.6厘米，腹径5.2厘米
香港艺术馆藏
Robert Forrest Central Chambers捐赠

景德镇窑青花花卉纹方罐

14世纪初期

高5.6厘米，宽5.6厘米

香港艺术馆藏

澳门——明代瓷器外销的重要中转港

　　明永乐年间，郑和七下西洋，瓷器是重要的国礼之一。明初至中叶，明政府实施"海禁"政策，中止民间对外贸易。欧洲的葡萄牙人于16世纪初率先到达中国沿海，从事陶瓷为主的商品贸易，获利丰厚。葡人利用上川岛和澳门转运大量瓷器。在1600年前后，每艘克拉克船运往欧洲的瓷器多达6—10万件。随后，西班牙、荷兰和英国等欧洲国家，也陆续来华加入陶瓷贸易的行列。

惠州窑仿龙泉青釉碗

明（公元1368—1644年）

广东惠州出土

高5.8厘米，口径14.5厘米，底径6.2厘米

广东省博物馆藏

龙泉窑青釉刻花瓣口大盘

明（公元1368—1644年）

高6厘米，口径33.6厘米

广东省博物馆藏

克拉克瓷〔加橹瓷〕

"克拉克"一词源于 17 世纪欧洲人对葡萄牙航海大帆船的称呼，由这些大帆船运载到欧洲的大批中国青花瓷器因此被称为"克拉克瓷"（亦称"加橹瓷"）。克拉克瓷的烧制年代主要在明末万历至清初康熙年间（1573—1722），窑址有江西景德镇和福建漳州平和等处。

克拉克瓷是中欧贸易中最早出现的成批量的外销瓷种类，是外销青花的一个品种，以纹饰绘有连续的开光图案为特征，开光内绘山水、人物、花鸟、果实、文房用品等吉祥图案，其器形有碗、碟及盘、杯、瓶、盖盒、军持等。

青花克拉克瓷佛宝纹浅盘

明·天启（公元1621—1627年）
高6厘米，口径21.3厘米
香港艺术馆藏

青花克拉克瓣口碗

明（公元1368—1644年）
高5厘米，口径15厘米
澳门博物馆藏

青花克拉克花鸟吉祥纹碗

明（公元1368—1644年）

高6.9厘米，口径13厘米

澳门博物馆藏

青花克拉克花鸟纹折腰盘（一对）

明（公元1368—1644年）

高3.8厘米，口径21厘米

澳门博物馆藏

青花克拉克狮子花卉纹瓷盘

明（公元1368—1644年）

高9.5厘米，口径48厘米

澳门博物馆藏

青花克拉克瓷盘

明（公元1368—1644年）

澳门出土

高5厘米，口径27.5厘米

澳门博物馆藏

青花克拉克瓷碗碎片

明（公元1368—1644年）

澳门出土

高7厘米，口径14厘米

澳门博物馆藏

青花克拉克瓷碗碎片

明（公元1368—1644年）

澳门出土

高11.5厘米，口径22厘米

澳门博物馆藏

南澳Ⅰ号

　　南澳Ⅰ号是一艘明朝万历年间，向外运送瓷器而失事沉没于广东汕头市南澳县附近海域的商船。它最初于2007年被发现，船上装载有盘、碗、罐、碟、瓶、盖盅等瓷器，品种包括青花瓷、酱褐釉瓷等。

　　这些瓷器主要是明朝嘉靖至万历年间江西景德镇窑的民窑产品，以及福建漳州窑、粤东地区民窑的产品。这些陶瓷器生动地反映了当时的陶瓷器制作水平以及人们的审美观念和生活情趣，对于研究中国古代海上贸易和东南沿海地区的陶瓷文化具有十分重要的意义。据专家估计，文物约有数万件之多。打捞工作目前仍在进行中。

景德镇窑青花丹凤朝阳图盘

明（公元1368—1644年）

南澳Ⅰ号出水

高3.4厘米，口径19.4厘米，底径9.9厘米

广东省文物考古研究所藏

129

景德镇窑蓝釉青花缠枝牡丹纹碗

明（公元1368—1644年）

南澳Ⅰ号出水

高6厘米，口径12厘米，底径4.3厘米

广东省文物考古研究所藏

景德镇窑青花麒麟纹盘

明（公元1368—1644年）

南澳 I 号出水

高2.5厘米，口径10.5厘米，底径5.5厘米

广东省文物考古研究所藏

景德镇窑青花人物纹盘

明（公元1368—1644年）

南澳 I 号出水

高2厘米，口径11.5厘米，底径6.4厘米

广东省文物考古研究所藏

景德镇窑青花花鸟纹杯（一对）

明（公元1368－1644年）

南澳Ⅰ号出水

高3.8厘米，口径6.5厘米，底径2.4厘米

高4厘米，口径6.5厘米，底径2.5厘米

广东省文物考古研究所藏

景德镇窑青花花鸟纹盖盒

明（公元1368—1644年）

南澳 I 号出水

高5.3厘米，口径6.6厘米，底径4.4厘米

广东省文物考古研究所藏

漳州窑青白釉罐

明（公元1368—1644年）

南澳Ⅰ号出水

高7.2厘米，口径4.2厘米，底径6厘米

广东省文物考古研究所藏

青花缠枝花卉纹大碗

明（公元1368—1644年）

南澳 I 号出水

高9.6厘米，口径18.5厘米，底径7.5厘米

广东省文物考古研究所藏

漳州窑青花缠枝花卉纹大罐

明（公元1368—1644年）

南澳 I 号出水

高30.1厘米，口径11.2厘米，底径17.5厘米

广东省文物考古研究所藏

漳州窑青花缠枝花卉纹净瓶

明（公元1368－1644年）

南澳 I 号出水

高17.3厘米，口径3.8厘米，底径8.1厘米

广东省文物考古研究所藏

漳州窑青花缠枝花卉纹盖盅

明（公元1368—1644年）

南澳 I 号出水

高16.7厘米，口径19.8厘米，底径11.5厘米

广东省文物考古研究所藏

漳州窑青花菊花"粮"字纹大盘

明（公元1368－1644年）

南澳 I 号出水

高8厘米，口径32厘米，底径12.7厘米

广东省文物考古研究所藏

漳州窑青花折枝花卉纹大盘

明（公元1368—1644年）

南澳 I 号出水

高7.9厘米，口径32.3厘米，底径13.2厘米

广东省文物考古研究所藏

漳州窑青花仕女纹折沿盘

明（公元1368—1644年）

南澳 I 号出水

高7.1厘米，口径25.8厘米，底径13厘米

广东省文物考古研究所藏

磁灶窑酱釉堆塑龙纹四系罐

明（公元1368—1644年）

南澳 I 号出水

高16.8厘米，口径10厘米，底径11.5厘米

广东省文物考古研究所藏

漳州窑

　　漳州窑，位于福建漳州，明清时期生产青花瓷、白瓷、素三彩瓷、红绿彩瓷等品种，并大量外销日本及越南、泰国、菲律宾、印度尼西亚等东南亚国家。青花瓷器纹饰多为花鸟、山水，亦有帆船、阿拉伯文等受西方影响的装饰图案。当时外商认识到此类瓷器是与景德镇瓷完全不同的品类，但又无法确定它们的产地，故以其出口港名统称为"汕头窑"。

漳州窑蓝釉白花花卉纹大碟

明（公元1368—1644年）

高3.5厘米，口径38厘米

香港艺术馆藏

Young Alice Mackenzu捐赠

漳州窑白釉印花大盘

明（公元1368—1644年）

高9.9厘米，口径39.5厘米

香港艺术馆藏

漳州窑青花牡丹凤纹大碟

明（公元1368—1644年）

高10.5厘米，口径47.5厘米

香港艺术馆藏

漳州窑红绿彩花鸟纹碟

清（公元1644—1911年）

高4厘米，口径25.9厘米

香港艺术馆藏

德化窑

　　德化窑是福建沿海地区重要的外销瓷产地，始于宋而盛于明清。其出产的白瓷，胎质致密，透光度佳，釉色凝润如脂，隐现粉红或乳白，别于其他窑制，有"猪油白"、"象牙白"之称，外销欧洲更赢得"中国白"的美誉。

　　器物类型丰富，有盒、炉、杯、壶、瓶、文房用具等器皿，以及佛道人物塑像等。器皿上印纹精致，常见花卉、蝴蝶、飞虫、禽鸟等图案；宗教人物雕塑尤为出色，如观音像，造型优美，面容细致，线条流畅生动，风格独树一帜。

德化窑白釉印牡丹纹盖盒

宋（公元960－1279年）或元（公元1271－1368年）

高7.3厘米，口径14.5厘米

香港艺术馆藏

德化窑白釉印花莲纹盖盒

元（公元1271－1368年）

高6厘米，口径13厘米

香港艺术馆藏

德化窑白釉印牡丹纹花盘

明（公元1368—1644年）

高7厘米，口径15.5厘米

香港艺术馆藏

德化窑白釉三足炉

明（公元1368—1644年）

高9厘米，口径11.6厘米

香港艺术馆藏

德化窑白釉印花纹盖盒

明·万历（公元1573—1620年）
高5.3厘米，长10.3厘米，宽6.3厘米
香港艺术馆藏

德化窑白釉观音像

约清康熙二十九年（公元1690年）

高13.5厘米，长3.5厘米，宽6厘米

香港艺术馆藏

景德镇窑

　　是我国最著名的瓷窑，位于今江西景德镇市。目前已发现五代烧造青瓷和白瓷的窑址。宋代青白釉瓷器（又称影青）是其首创，釉质莹润有玉质感。元代除继续烧造青白瓷外，还创烧了枢府（卵白）釉和青花、釉里红瓷器。此外，铜红和钴蓝等颜色釉的制作也有一定的成就。明、清两代在此设置官窑，专事生产宫廷用瓷。同时，民窑业也迅速发展。景德镇成为我国瓷业中心，有"瓷都"之称。宋代以后，景德镇瓷器大量销往海外，对亚非及欧洲瓷器的生产有重要影响。

景德镇窑青花缠枝莲纹花浇

明·宣德（公元1426—1435年）

高13.7厘米，口径7.7厘米，底径5.3厘米

广东省博物馆藏

景德镇窑五彩花卉纹瓣口盘

明·天启、崇祯（公元1621—1644年）

高4.5厘米，口径14.4—18厘米，底径8.3—9.7厘米

广东省博物馆藏

景德镇窑青花仕女婴戏图象腿瓶

明·崇祯（公元1628—1644年）

高46.9厘米，口径13.3厘米，底径13.7厘米

广东省博物馆藏

　　明末清初，景德镇青花瓷器进入了一个高速发展、空前繁荣的历史时期，产品大量销往欧洲。这一时期的青花瓷器，无论器物造型、纹饰内容及绘画风格、青花料的运用等方面，都显现出独特的时代特征。

　　此类象腿瓶是当时非常流行的器形，青花发色青翠，人物个性显著，秋草、芭蕉、山石、小太阳等绘画也彰显时代特征。

石湾窑翠毛釉双耳三足炉

明（公元1368—1644年）

高7.7厘米，口径10.9厘米

广东省博物馆藏

"钧窑以紫胜，广窑以蓝胜"。蓝釉是石湾陶器最具
代表性的釉色之一，尤其是在蓝釉中掩映点点淡青，酷似
翠鸟羽毛的蓝釉窑变釉，被称为"翠毛釉"，是石湾陶器
的著名釉色品种。石湾陶器的器皿多以仿古器物为主。

五彩凤形军持

明·万历（公元1573—1620年）

高21厘米，宽16.5厘米

香港艺术馆藏

青花鱼藻纹军持

明·弘治（公元1488—1505年）

高19.6厘米，腹径14.2厘米

香港艺术馆藏

斗彩楼阁图军持

明·晚期（公元1620—1644年）

高23厘米，宽18.8厘米

香港艺术馆藏

广州港的开放和清代洋行贸易

　　1685 年康熙开放广东广州、江苏松江、浙江宁波、福建厦门四海关对外贸易。乾隆年间（1757）关闭江、浙、闽三处海关，形成广州一口通商，外商必须通过广州行商进行贸易，澳门则成为广州港的外港，再次促成广州对外贸易的繁荣时期。

　　鸦片战争结束后，1842 年，《南京条约》签订，规定清政府开放广州、厦门、福州、宁波、上海五口通商，广州一口通商的历史结束，但广州作为第一大港的地位并未因此动摇。

　　清代，中国外销瓷品种丰富。18 世纪上半叶，中国商人在广州设坊，专事上彩，并可供客人就地验货，专供外销，外商还可以来样定制，这就是别具风格的广彩瓷。

外销青花多嘴瓶

清·康熙（公元1662—1722年）

高43厘米，宽9厘米

香港艺术馆藏

青花网纹茶碗

清（公元1625—1645年）

高7.5厘米，宽9.5厘米

香港艺术馆藏

罗桂祥博士捐赠

青花绘卧马小碟（一对）

清（公元1621—1627年）

高3.6厘米，宽9.9厘米，长16.7厘米

香港艺术馆藏

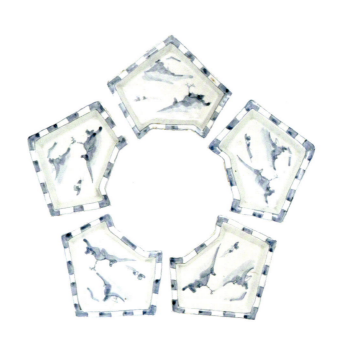

日本式青花山水折纸形碟五件

清（公元1620—1640年）

（各）高4.2厘米，长13.5厘米，宽17.5厘米

香港艺术馆藏

罗桂祥博士捐赠

景德镇窑青花花卉纹执壶

清 · 康熙（公元1662—1722年）
高27.5厘米，口径3厘米，底径9厘米
广东省博物馆藏

　　该执壶直口，长颈，圆球形腹，浅卧足，龙形曲柄，器身满绘青花开光花卉纹。这种器物的造型源于西方的影响。

景德镇窑五彩花卉纹椭圆盆

清·康熙（公元1662—1722年）

高22.7厘米，口径56厘米，底径43厘米

广东省博物馆藏

　　盆为椭圆形，雉堞形口，平底。以锦地菊花纹为边饰，主题纹饰分别为五彩菊花、莲花、牡丹等。雉堞形口沿内侧绘红彩鱼纹。这种大盆外销至欧洲，用于冰冻盛酒器皿之用，又称"冰盆"。

景德镇窑仿伊万里花卉纹盘（一对）

清·康熙（公元1662—1722年）

高2.3厘米，口径22.7厘米

广东省博物馆藏

景德镇窑仿伊万里花卉纹盘

清·雍正（公元1723—1735年）
高2.8厘米，口径22.5厘米，底径11.5厘米
广东省博物馆藏

　　以釉下青花与釉上矾红彩加金彩相结合的这种彩绘瓷，是模仿自日本的"古伊万里烧"。这类瓷器产于日本九州岛北部的有田町，衍生自中国景德镇窑的青花和五彩，融入了和式创意后，形成了独具魅力的风格。因经过伊万里港出口，故称"伊万里烧"。景德镇窑因其外销大受欢迎而模仿它。

景德镇窑青花花卉纹椭圆大盘

清·乾隆（公元1736—1795年）

高4.5厘米，口径45.5厘米，底径32.7厘米

广东省博物馆藏

　　盘为椭圆形，花瓣口，浅腹，平底。这类西洋花卉的纹饰，无论花卉品种和画法都不同于中国传统花卉，是用细腻的工笔画成，在清乾隆至嘉庆时的外销瓷中较常见，主要品种有景德镇窑青花瓷和广彩瓷。这种宽沿浅腹平底盘，是西餐所用餐具之一。由于外商大量订制，也逐渐变为景德镇瓷器的新器形而延续下来。

景德镇窑青花开光柳亭纹扁瓶

清·乾隆（公元1736—1795年）
高29厘米，口径5.5厘米，底径9厘米
广东省博物馆藏

　　柳亭纹是18世纪中国外销到欧洲的景德镇青花瓷器中最为常见和著名的纹饰，深得欧洲人喜欢。他们甚至根据画面内容编写出了一段浪漫动人的爱情故事。这种纹饰除了装饰在瓶子上，也出现在盘子、果篮、汤盅等其他器形上。

景德镇窑青花仙芝祝寿纹盘

清·乾隆（公元1736—1795年）
高3.7厘米，口径19.9厘米，底径12.3厘米
广东省博物馆藏

  盘花瓣口，浅弧腹，圈足，底书青花画押款。盘内壁、内心和外壁均绘灵芝和折枝花卉纹。这种纹饰的青花瓷器，在明末清初至民国时期的民间日用瓷中极为常见，也大量出口外销。

景德镇窑青花山水纹船形盛酱器

清（公元1644—1911年）

高8.5厘米，宽18.5厘米

澳门博物馆藏

景德镇窑青花山水楼阁纹把壶

清（公元1644—1911年）
高15厘米，宽27厘米
澳门博物馆藏

景德镇窑青花山水纹折腰盘（一对）

清（公元1644—1911年）

高2.5厘米，口径24.5厘米

澳门博物馆藏

景德镇窑青花椭圆形盘

清（公元1644—1911年）

长41厘米，宽23厘米

澳门博物馆藏

景德镇窑青花柳亭纹盘

清·乾隆（公元1736—1795年）

高4.1厘米，口径37.5厘米

广东省博物馆藏

景德镇窑青花花卉纹碗

清（公元1644—1911年）

高8厘米，口径25.5厘米，底径15.5厘米

广东省博物馆藏

德化窑白瓷

　　宋元时期德化窑白瓷已大量通过海路外销。明代中叶开始，德化窑烧制胎釉呈晶莹温润的白瓷器，其胎质坚实致密，其釉剔透光滑，白中微泛黄，俗称"猪油白"或"象牙白"。有的白中微泛青。器物有杯、炉、瓶等各种器皿和人物塑像。明清时期，这种白瓷大量外销，风靡欧洲大陆，被欧洲人冠以"中国白"的美称。德化白瓷对欧洲的社会生活和白瓷的出现都产生了重大的影响，被欧洲人誉为"欧洲白瓷之母"。

德化窑白釉双耳三足炉

清·乾隆（公元1736—1795年）

高38厘米，口径15.5厘米

广东省博物馆藏

　　炉为圆鼎式，双立耳外撇，三兽足。狮球钮穹形盖。白釉微泛青。

天后信仰

　　天后，又称为妈祖，原姓林，出生于福建莆田湄洲岛，因坠地后弥月不啼，乃取名"默娘"。传说她自幼有神举，被供奉为航海保护神。北宋中期起，成为海神崇拜，逐步被历代统治者加封"天妃"等各种名号，至清代尊称为"天后"。天后信仰的影响不仅遍及我国南北沿海地区，甚至通过海外贸易和华侨的传播，流传至南洋和欧美。

德化窑天后娘娘像

清（公元1644—1911年）

高22厘米，长11厘米，宽10厘米

广东省博物馆藏

　　像为坐式，天后头带方形冠，双手抱笏于胸前，双目低垂，表情和善。

德化窑开光人物提梁壶

清（公元1644—11911年）

高21.1厘米，宽20.5厘米

香港艺术馆藏

罗桂祥博士捐赠

德化窑白釉夔龙把流壶

清（18世纪）

高15.5厘米，宽17厘米

香港艺术馆藏

罗桂祥博士捐赠

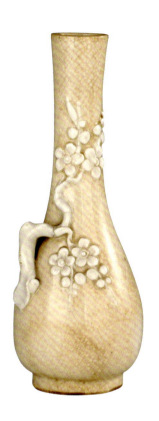

潮州窑白釉贴花小瓶

清（公元1644—1911年）
高17.5厘米，口径2.7厘米，底径4.5厘米
广东省博物馆藏

石湾窑

　　宋、元以来，广东逐渐成为贸易中心，石湾窑也随之兴起，至明、清两代更为繁盛。据光绪年间《南海乡土志》载，石湾窑每年出口货值便有 100 余万元之多。

　　石湾匠人善仿历代名窑古釉，当中以仿钧窑窑变釉为佳，被称为广钧，并以蓝釉著称。此外，石湾艺术陶塑亦闻名于世，如东方朔偷桃、教理罗汉等佛道、仕女、历史人物都是常见题材。

石湾窑白釉芭蕉纹觚

清（公元1644—1911年）
高15.3厘米，口径11厘米，腹径7厘米
广东省博物馆藏

石湾窑霍津款胎毛鸭

清（公元1644—1911年）
高15厘米，长23厘米
广东省博物馆藏

　　鸭作闲卧状，神态自若，形态生动。鸭毛运用素胎胎毛技法表现。胎毛技法是石湾陶艺特有的一种技艺，相传始于清代晚期的陶塑名家黄炳。他把宋、元绘画中的翎毛画法移植到石湾陶塑领域，运用金属工具，以辘、刻、琢等多种手法勾刻出各种动物的毛发或羽毛，使陶塑动物前所未有地呈现出刻划细腻、栩栩如生的三维效果。这种技艺至今仍长用不衰。

石湾窑石榴红釉和合二仙

清（公元1644—1911年）
高22厘米，长20厘米，宽20厘米
广东省博物馆藏

  和合二仙的典故相传源于唐代诗僧寒山、拾得，是我国民间传说中主婚姻和合之神。通常二人一人持荷花、一人持圆盒，取和谐合好之意。这尊陶塑，二人愉悦相对，人物表情生动，衣服纹理流畅。衣服所施石榴红釉艳丽而凝重，是石湾陶器最有特色的釉色品种之一。

石湾窑窑变釉狮子

清（公元1644—1911年）
高24.3厘米，长21.6厘米，宽20厘米
广东省博物馆藏

石湾窑钧蓝釉水牛形水注

清（公元1644—1911年）
高5厘米，长13厘米，宽6厘米
香港艺术馆藏
郭彦弘伉俪捐赠

　　这件水牛形水注，通体施仿钧蓝釉，牛腿、牛眼蓝釉凝聚而色重，牛身点点白釉微微流淌，俏似牛毛。

石湾窑月白釉下彩吉祥如意箸瓶

清晚期

高17.7厘米，长12.2厘米，宽4.5厘米

香港艺术馆藏

石湾窑东方朔偷桃

清晚期

高22.8厘米，长19.4厘米，宽13.5厘米

香港艺术馆藏

胡锦超先生捐赠

石湾窑教理罗汉像

20世纪初期

高8厘米，宽13厘米

香港艺术馆藏

郭安女士捐赠

广彩

　　"广彩"即"广州织金彩绘瓷"的简称，出现于清康熙晚期，产品多为碗、碟、瓶、盘、餐具。技法方面属釉上彩，吸收了五彩、粉彩、珐琅彩等工艺特色，图案明显带装饰性，色彩艳丽，亦多施以金彩。广彩为外销瓷，商人为满足外销市场的需要，由景德镇定制素胎白瓷，运到广州加彩绘纹样，烘烧后售予洋商。产品中不少是按外商订单要求而订烧，器形、纹样部分是西式的，亦有按来稿加上纹章图样。

广彩描金开光人物故事纹执壶

清（公元1644—1911年）
高25厘米，口径6.2厘米，腹径16.5厘米
澳门博物馆藏

广彩洋人归航图大碗

清·乾隆（公元1736—1795年）

高13厘米，口径30厘米，底径15厘米

广东省博物馆藏

  该碗以青花缠枝花卉绘四个开光，正反两面主题纹饰各异，一面绘远洋航船从中国归来，在码头上卸下大堆货物；另一面绘海边的一家三口，男主人牵着牛回家，妻儿跟在后面。这是把典型的中国式田园生活场景套在了西洋人身上。两个侧面开光内绘山水纹。当时欧洲人曾大量从景德镇和广州定烧此类大碗，用于调制鸡尾酒。广彩大碗的纹饰通常有"满大人"、明装人物、西洋人、中国风景和西洋风景等。

广彩人物汤盅连托盘

清（公元1644—1911年）

汤碗（连盖）：高20.5厘米，长35.5厘米，宽24.5厘米

托盘：高4.5厘米，长39.7厘米，宽32.2厘米

澳门博物馆藏

广彩人物龙头把杯

清（公元1644—1911年）

高13.3厘米，口径11.1厘米，宽16厘米

澳门博物馆藏

广彩描金"澳门总督衙门"纹章花瓶

清（公元1644—1911年）

高92厘米，口径24厘米，腹径38厘米

澳门博物馆藏

广彩"澳门总督衙门"纹章大花碗

清（公元1644—1911年）

高17.5厘米，口径41厘米

澳门博物馆藏

广彩徽章纹大盘

清（19世纪）

高5.3厘米，口径32.5厘米，底径19厘米

广东省博物馆藏

　　盘以飘卷的丝带花卉纹作边饰，盘中心绘徽章纹。徽章纹瓷器又称纹章瓷，是由欧美国家的皇室、贵族、社团、城市、军队首领等把象征或代表自己权力、地位、身份的徽章图案，烧制于定做的瓷器上面，作为自己独有的标志。最早的纹章瓷是在明晚期由欧洲人向景德镇定做的青花瓷。18世纪广彩瓷器也大量烧制纹章瓷。

广彩茶餐具

　　17世纪欧洲的中国热，以及咖啡、巧克力、茶等热饮传入欧洲并流行，带动了中国陶瓷器和茶叶的大量外销。欧洲人来华定做的广彩瓷器中，成套的餐具、茶具、咖啡具所占的比例不小。通常茶具和咖啡具由壶、奶壶、糖盅、杯、托碟等组成。

广彩人物纹茶具

清·道光（公元1821—1850年）

茶壶：高19厘米，口径8.5厘米，底径9厘米

盖盅：高11厘米，口径14.8厘米，底径6.5厘米

奶壶：高10厘米，口径13厘米，底径6.5厘米

杯：高5.5厘米，口径9.8厘米，底径5厘米

碟：高3厘米，口径15厘米，底径8.5厘米

广东省博物馆藏

粉彩花蝶纹盘

清（公元1644—1911年）

高4.5厘米，直径27厘米

澳门博物馆藏

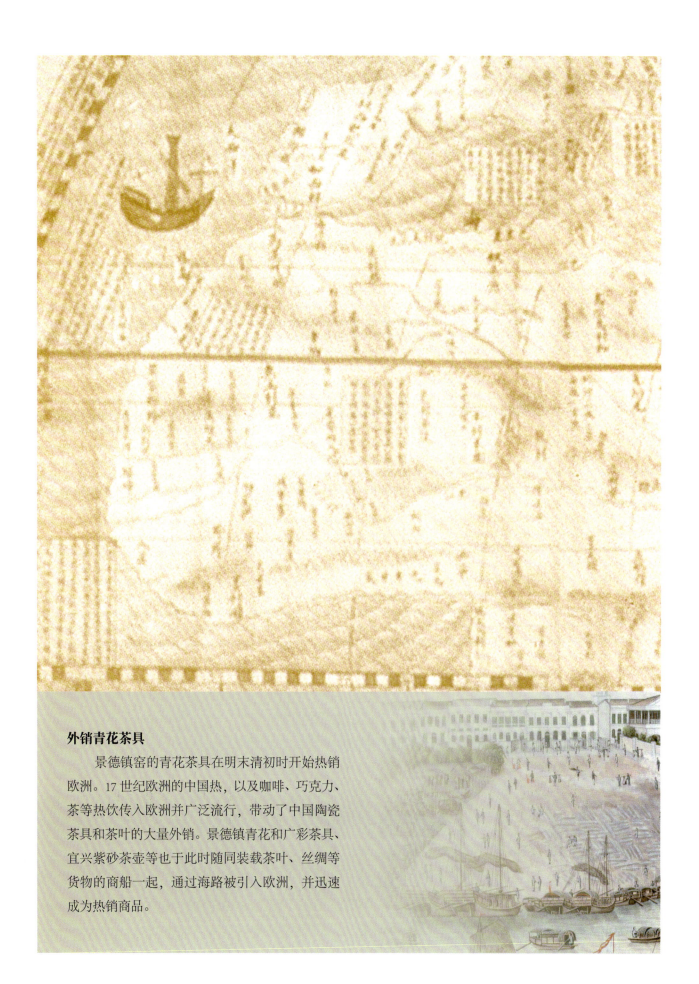

外销青花茶具

　　景德镇窑的青花茶具在明末清初时开始热销欧洲。17世纪欧洲的中国热，以及咖啡、巧克力、茶等热饮传入欧洲并广泛流行，带动了中国陶瓷茶具和茶叶的大量外销。景德镇青花和广彩茶具、宜兴紫砂茶壶等也于此时随同装载茶叶、丝绸等货物的商船一起，通过海路被引入欧洲，并迅速成为热销商品。

景德镇窑青花花鸟纹茶壶

明·崇祯十三年（约公元1640年）

高13.5厘米，宽18.2厘米

香港艺术馆藏

罗桂祥博士捐赠

　　此茶壶为1643年或稍后在南中国海沉没的商船货品。鼓腹、阔足、环把、直流，拱形浅盖上有阶状纽。器身每面相间地绘以鸟石纹及蕙兰绣球花纹。口沿下饰花瓣纹一道，盖饰蝴蝶植物纹。底有"福"字框款。

景德镇窑青花花卉飞虫纹茶壶

清初（约公元1645年）

高10.5厘米，腹径15.5厘米

香港艺术馆藏

景德镇窑青花茶杯连托碟

清·乾隆十五年（约公元1750年）

杯：高4厘米，口径7.7厘米

碟：高1.8厘米，口径11.8厘米

香港艺术馆藏

罗桂祥博士捐赠

景德镇窑青花鼓腹茶壶

清·乾隆十五年（约公元1750年）

高12厘米，宽22.5厘米

香港艺术馆藏

罗桂祥博士捐赠

景德镇窑青花珐琅彩鼓腹茶壶

清·乾隆十五年（约公元1750年）

高14厘米，宽21.4厘米

香港艺术馆藏

罗桂祥博士捐赠

宗教主题瓷器

　　自16世纪上半叶欧洲人初到南中国之时，他们已经有定制以基督宗教为主题的瓷器，其中以上川岛出土的十字纹青花瓷碎片最具代表性。其后至17世纪定制的克拉克瓷，亦有纹饰是以圣经中描述的物事为题，如天使、七头龙等，还有是绘上代表"耶稣会"、"圣保禄"缩写，以及代表圣奥斯定会双头鹰的纹样，相信都是供修院、教堂内使用；清初至清中期，宗教为主题的外销瓷更为多样，销售层面更广，除了青花外，同时有以粉彩、墨彩、描金等不同形式制作，主题除了"耶稣会"章纹，也有以耶稣生平、神迹为题。

墨彩描金耶稣受难盘

清（公元1644—1911年）

高2.8厘米，直径23厘米

澳门博物馆藏

墨彩描金基督复活折腰盘

清（公元1644—1911年）

高2.5厘米，直径23厘米

澳门博物馆藏

墨彩描金"耶稣诞生"纹托碟

清（公元1644—1911年）

高1.8厘米，宽13.2厘米

澳门博物馆藏

墨彩描金"耶稣诞生"纹碟

清（公元1644—1911年）

高2.5厘米，直径23厘米

澳门博物馆藏

荷兰珐琅彩绘"耶稣受难"纹碗

清（公元1644—1911年）

高8厘米，口径18.5厘米

澳门博物馆藏

景德镇窑青花花卉耶稣会徽章纹罐

清（公元1644—1911年）

高11.5厘米，口径5.8厘米，腹径11厘米

高12厘米，口径6厘米，腹径12厘米

澳门博物馆藏

景德镇窑粉彩开光人物花蝶耶稣会徽章纹罐

清（公元1644—1911年）

高11厘米，口径4.9厘米，腹径10.6厘米

澳门博物馆藏

景德镇窑粉彩耶稣会徽章纹瓶

清（公元1644—1911年）

高25厘米，口径7.3厘米，腹径10.3厘米

澳门博物馆藏

景德镇窑青花耶稣会徽章纹盖罐

清（公元1644—1911年）

高17.5厘米，腹径10厘米

澳门博物馆藏

景德镇窑青花人物耶稣会徽章纹罐

清（公元1644—1911年）

高11厘米，口径5.2厘米，腹径10.6厘米

澳门博物馆藏

外销泰国宜兴紫砂壶

　　泰国是海上丝路的贸易中转站，也是中国瓷器重要的外销市场之一。最早外销泰国的宜兴壶可追溯至明朝。一般特色是鼓腹，壶身呈圆筒形或梨形，经过磨光，流、盖和纽均镶以金属边作装饰及保护。

外销泰国梨形磨光镶金壶

"留佩"刻款；"君德"及"水平"印
清（19世纪）
高7厘米，宽9.7厘米
香港艺术馆藏
罗桂祥博士捐赠

外销泰国磨光扁圆壶

"利兴"款

清代（19世纪晚期）

高17.5厘米，宽23.4厘米

香港艺术馆藏

罗桂祥博士捐赠

外销泰国镶金圆壶

"泰国"、"125"泰文印

清·光绪三十三年（约公元1907年）

高7厘米，宽12.8厘米

香港艺术馆藏

罗桂祥博士捐赠

    清末1907年泰王拉玛五世曾定烧一批宜兴紫砂壶，其中外销泰国镶金圆壶是出色的代表作。壶形细小，小流最高点、柄和口沿连成一水平线，具功夫茶壶典型特征。钮、盖沿、口沿、流末端和足镶上金饰。壶缘和底部刻有泰文"125"和"泰国"印纹，纪念泰国却克里王朝（Chakri Dynasty）成立125周年。

外销泰国圆筒附茶隔提梁壶

"泰国"、"冲水"泰文印

19世纪晚期至20世纪初期

高10厘米，宽8.8厘米

香港艺术馆藏

罗桂祥博士捐赠

246

外销六方兽钮壶

清 · 乾隆十五年（约公元1750年）
高13厘米，宽21厘米
香港艺术馆藏

外销贴花八宝如意盖罐（一对）

清（18世纪初期）

高31厘米，宽18厘米

香港艺术馆藏

第三部分
瓷艺远播

　　在中国瓷器外销的影响之下，亚洲和欧洲各国均竞相模仿和烧制中国瓷器。由沿袭中国瓷器的题材和纹样，到逐步发展出具有各国特色的瓷器品种。

　　各国较著名的瓷器品种包括：日本的伊万里烧、青花和五彩，荷兰的费恩斯瓷、德尔夫特瓷，德国的迈斯森瓷等。

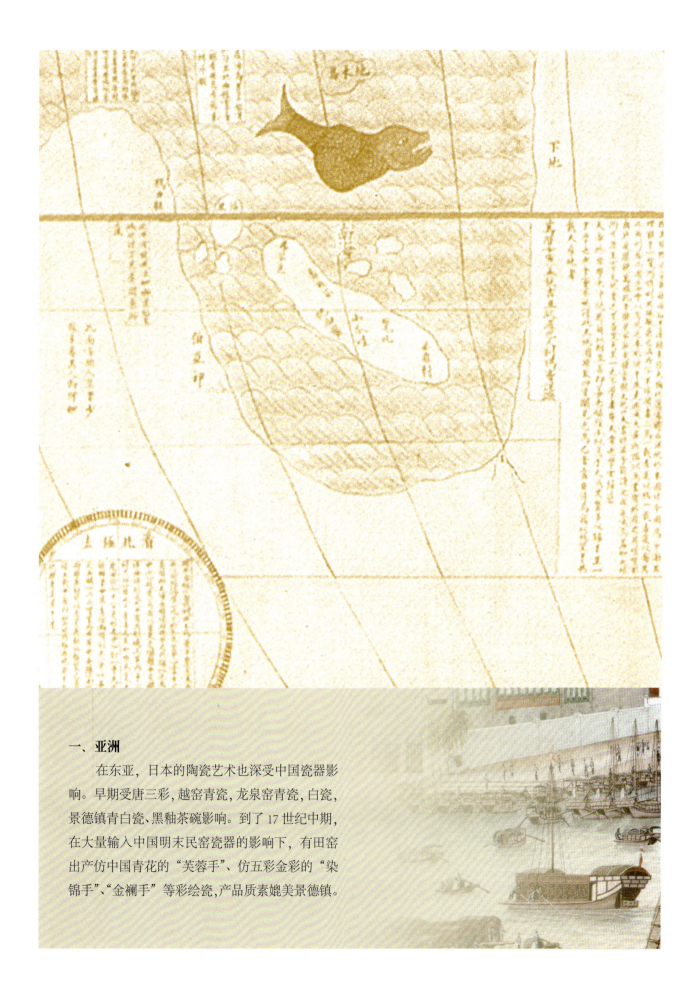

一、亚洲

　　在东亚，日本的陶瓷艺术也深受中国瓷器影响。早期受唐三彩，越窑青瓷，龙泉窑青瓷，白瓷，景德镇青白瓷、黑釉茶碗影响。到了17世纪中期，在大量输入中国明末民窑瓷器的影响下，有田窑出产仿中国青花的"芙蓉手"、仿五彩金彩的"染锦手"、"金襕手"等彩绘瓷，产品质素媲美景德镇。

伊万里瓷

　　伊万里烧是日本有名的外销瓷，于佐贺县有田町烧制，从邻市伊万里市出口，故称"伊万里瓷"或"伊万里烧"。

　　明末清初时，由于中国政局不稳，导致景德镇瓷业受挫，对欧洲的瓷器外销几乎中断。荷兰东印度公司于是把目光投向与中国近邻的日本，大量采购。其实伊万里瓷的彩绘是衍生自中国景德镇窑的青花和五彩，融入和式创意后，形成独具魅力的风格。由于伊万里烧在欧洲甚受欢迎，摹仿其风格的瓷器便应运而生。在欧洲，德尔夫特有出产仿伊万里作品，而中国景德镇亦在18世纪初开始仿烧，供应欧洲市场。此类仿伊万里瓷多饰以青花、矾红彩及描金花纹，后来逐渐发展成为一个特别品种，在荷兰东印度公司的文献中被称为"中国仿日本瓷"，并成为该公司恒常订购的品种。

青花冰梅纹碗

日本制（18世纪）
高7厘米，口径16.7厘米，底径7.4厘米
广东省博物馆藏

五彩花卉纹碗

日本制（17—18世纪）

高9.3厘米，口径17.2厘米

广东省博物馆藏

五彩开光花卉纹大盘

日本制（17—18世纪）
高5.2厘米，直径39.3厘米
广东省博物馆藏

二、欧洲

西方各国对中国瓷器趋之若鹜，一直致力钻研其技术和配方，仿效其纹样。17 世纪起，荷兰德尔夫特的工匠便成功仿制出类似宜兴紫砂的朱泥硬陶。但真正的瓷器要到 18 世纪初才在欧洲研制成功。1710 年，德国迈斯森瓷器作坊成功生产出含高岭土成分的白瓷。这种技术不久流传到欧洲各地。法皇路易十五在 1756 年成立塞弗尔窑厂，出品具洛可可风格的彩瓷，以华贵的描金和珐琅彩绘为特色，标志着西方制瓷技术达至成熟。

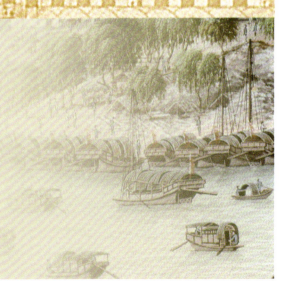

描金珐琅彩玫瑰纹壶

法国制（公元1770—1780年）

高12.5厘米，宽16.5厘米

香港艺术馆藏

罗桂祥博士捐赠

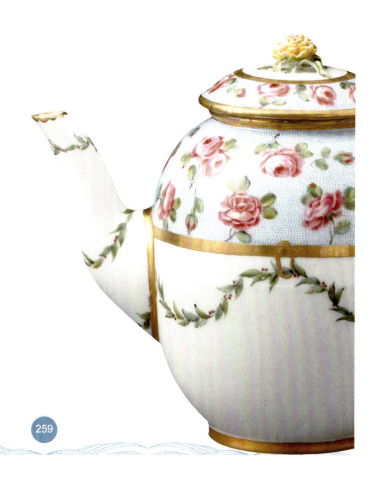

珐琅彩西洋景物图壶

法国制（约公元1770年）

高11厘米，宽14.5厘米

香港艺术馆藏

罗桂祥博士捐赠

五彩昆虫纹直身壶

法国制（19世纪初期）

高11.3厘米，宽16厘米

香港艺术馆藏

罗桂祥博士捐赠

仿宜兴贴花咖啡壶

德国制（18世纪初期）
高15.5厘米，宽13厘米
香港艺术馆藏
罗桂祥博士捐赠

白釉贴珐琅彩花卉纹壶

德国制（约公元1850年）
高11.8厘米，宽19.5厘米
香港艺术馆藏
罗桂祥博士捐赠

五彩博古纹盘（一对）

荷兰制（19世纪）

高2.2厘米，口径21.8厘米，底径13厘米

广东省博物馆藏

仿宜兴贴塑梅花纹狮钮壶

荷兰制（约公元1680年）

高11.5厘米，宽17厘米

香港艺术馆藏

罗桂祥博士捐赠

仿宜兴加彩提梁壶

荷兰制（17世纪晚期至18世纪初期）
高17厘米，宽13厘米
香港艺术馆藏
罗桂祥博士捐赠

仿中国青花八角盘

葡萄牙制（18世纪）
高4厘米，长35厘米，宽29厘米
澳门博物馆藏

仿中国青花碟（一对）

葡萄牙制（18世纪）

高3.5厘米，直径21厘米

澳门博物馆藏

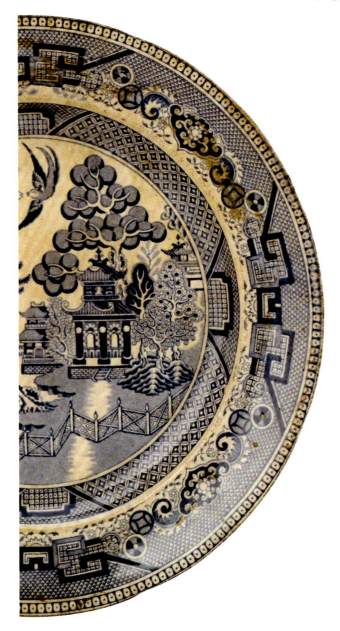

仿中国青花柳亭纹盘

英国制（19世纪）
高2.9厘米，口径26厘米，底径16.2厘米
广东省博物馆藏

仿中国五彩描金博古纹盘

英国制（19世纪）

高3厘米，口径26厘米，底径14.7厘米

广东省博物馆藏

英格兰青花花果纹盘

英国制（19世纪）
高2.3厘米，口径26.7厘米，底径15厘米
广东省博物馆藏

责任编辑：丁　马
装帧设计：邱君武
责任印制：梁秋卉

图书在版编目（ＣＩＰ）数据

海上瓷路 ：粤港澳文物大展 / 浙江省博物馆编. --
北京 ：文物出版社，2015.7
　　ISBN 978-7-5010-4338-5

　　Ⅰ. ①海… Ⅱ. ①浙… Ⅲ. ①瓷器（考古）－中国－
图集 Ⅳ. ①K876.32

　　中国版本图书馆 CIP 数据核字 (2015) 第 133607号

海 上 瓷 路
—— 粤 港 澳 文 物 大 展

浙 江 省 博 物 馆 编

文 物 出 版 社 出 版 发 行

北京市东直门内北小街2号楼

http://www.wenwu.com

E-mail: web @ wenwu.com

杭州品图文化艺术策划有限公司制版

浙江影天印业有限公司制版印刷

新华书店经销

889×1194　1/16　印 张：17.25

2015年7月第一版　2015年7月第一次印刷

ISBN　978-7-5010-4092-6　定价：280.00 元